Carolin Widmaier

Kinder beten

Handbuch mit kreativen Ideen

BORN-VERLAG

Die Autorin

Carolin Widmaier, Jahrgang 1983, arbeitet in der Kinderzentrale der Liebenzeller Mission. Nach einer Ausbildung als Erzieherin studierte sie am Theologischen Seminar der Liebenzeller Mission Gemeindepädagogik und wurde zusätzlich Diakonin der ev. Landeskirche in Württemberg. Neben Kinderbibelwochen und Mitarbeiterschulungen koordiniert sie die Kinderinternetseite www.mäxiswelt.de. Außerdem ist sie die Redakteurin von GO!, der Kinderzeitschrift der Liebenzeller Mission. Carolin findet es klasse, Kindern biblische Geschichten auf kreative Weise zu erzählen und durch Geschichten und Rahmenhandlungen die biblische Botschaft mit der Lebenswelt der Kinder zu verknüpfen, um Gott, Jesus und die Bibel in den Alltag der Kinder zu bringen.

Eine Kooperation mit

Liebenzeller Mission
Mit Gott von Mensch zu Mensch
KIDZ

Impressum
© 2014 **BORN**-VERLAG, Kassel
im Auftrag des Deutschen Jugendverbandes
„Entschieden für Christus" (EC) e. V.

Umschlaggestaltung:
Dieter Betz Design-Kommunikation, Friolzheim
Foto Umschlag: selimaksan, istockphoto
Lektorat: **BORN**-VERLAG / Claudia Siebert, Kassel
Satz: **BORN**-VERLAG / Claudia Siebert, Kassel
Druck- und Gesamtherstellung:
AALEXX Buchproduktion GmbH

Gedruckt auf FSC-zertifiziertem Papier.

ISBN 978-3-87092-553-6
Bestellnr. 182.553

Vorwort

Kinder glauben anders als Erwachsene und ihr Gottesbild verändert sich noch im Laufe ihrer Entwicklung. Deshalb ist es immer wieder eine neue Herausforderung, sie in ihrer persönlichen Gottesbeziehung zu begleiten und zu unterstützen.

Aus eigener Erfahrung und von Einsätzen in vielen Gemeinden weiß ich, dass in Kinder- und Jungschargruppen oder bei Kinderbibelwochen biblische Geschichten erzählt werden und die Kinder viel über Gott und Jesus hören und lernen. Erfreulich ist, dass dies oft in sehr kreativer und kindgerechter Weise geschieht. Ich bin immer wieder erstaunt über das gute Bibelwissen und Bibelverständnis von Kindern, denen ich begegne.

Was allerdings oft sehr knapp bemessen ist oder manchmal sogar ganz fehlt, ist das Gebet. Für mich ist das Beten mit Kindern aber sehr wichtig: Wenn Kinder beten, treten sie in den persönlichen Kontakt mit Gott bzw. Jesus!
Alles, was den Kindern über Gott, Jesus und die Bibel vermittelt wird, bleibt kognitives und unpersönliches Wissen, wenn es nicht durch die persönliche Gottesbeziehung in die Herzen der Kinder gelangt. An der Art, wie wir beten und mit Gott reden, zeigt sich unsere persönliche Gottesbeziehung.

In diesem Buch möchte ich deshalb zeigen, wie Mitarbeiterinnen und Mitarbeiter, aber auch Eltern und andere Vertraute Kinder im Alter von 6 bis 12 Jahren in ihrer persönlichen Gebetsentwicklung begleiten und unterstützen können.

Es geht darum, wie man Kinder ihrem Alter entsprechend zum Gebet anleiten kann, welche Inhalte die Gebete haben sollten und worauf man generell achten sollte, wenn man mit Kindern gemeinsam betet.
Und natürlich finden sich in diesem Buch neben der Theorie auch viele praktische Ideen und Stundenentwürfe, die zum kreativen und abwechslungsreichen Beten mit Kindern motivieren.

Viel Spaß beim Lesen, Ausprobieren und Weiterdenken!

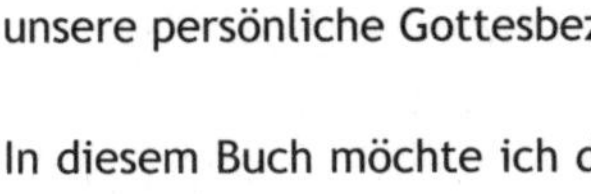

Carolin Widmaier

Inhaltsverzeichnis

Bibeltexte

„Gebet ist gelebte Beziehung zu Gott.
Kinder denken und fühlen beziehungsorientiert.
Jeder Mensch, der Kindern Gottes Liebe nahebringen will,
kann gar nicht anders, als mit Kindern zu beten.
Wer mit Kindern betet, begibt sich in ein Abenteuer ...“

Carola L’hoest

Koordinatorin der Arbeit mit Kindern im Ev. Gnadauer Gemeinschaftsverband

„Kinder liegen Gott besonders am Herzen.
Er freut sich, wenn seine Kinder mit ihm sprechen.
Ich wünsche mir, dass immer mehr Kinder
Gott als liebevollen Vater kennenlernen und ihm umso ähnlicher werden,
je mehr Zeit sie mit ihm verbringen.“

Benji Wiebe

Diplomsozialpädagoge, Mitglied des Arbeitskreises „Kinder in Kirche und Gesellschaft“ der Evangelischen Allianz

1. Einstieg

Kinder glauben nicht nur anders als Erwachsene, sie denken auch anders. Wenn Erwachsene mit Kindern zusammen sind, gehen sie aber oft davon aus, dass Kinder genauso denken wie sie selbst. Dies führt häufig dazu, dass sie ohne es zu wollen an den Kindern vorbeireden. Die Erwachsenen setzen voraus, dass die Kinder das gleiche Vorwissen mitbringen und viele Dinge für sie genauso selbstverständlich sind. Dadurch denken sie nicht daran, diese Dinge zu hinterfragen oder den Kindern zu erklären. Das kann man auch in Bezug auf das Thema Gebet beobachten.

Ein Auszug aus dem Kinderbuch „Der Schlunz - Band 1" von Harry Voß beschreibt solche Situationen sehr humorvoll und absolut treffend. Schlunz, ein verwahrloster Junge, wird von der christlichen Familie Schmidtsteiner allein im Wald gefunden. Bis seine Eltern ausfindig gemacht werden, darf Schlunz bei Familie Schmidtsteiner bleiben. Dort mischt er den Familienalltag gründlich auf und hinterfragt manches:

„Dann lasst uns doch jetzt gleich zum Essen gehen", sagte Papa fröhlich und alle fünf marschierten in einer Feierlichkeit zum Tisch, als wäre die Weihnachtsgans aufgetragen. Als sich alle gesetzt hatten, sagte Papa: „Dann wollen wir noch für das Essen danken", und faltete seine Hände auf dem Schoß. Die anderen taten es ihm gleich, nur der Junge schaute etwas ungläubig. Papa bemerkte das und erklärte freundlich: „Wir beten immer vor dem Essen."
„Warum?", fragte der Junge prompt, aber ebenso freundlich. Papa hatte mit so einer Frage nicht gerechnet und rieb sich kurz die Handballen unter den gefalteten Händen. „Weil wir Gott für das Essen dankbar sind", sagte Papa, immer noch freundlich. „Ach so", sagte der Junge, aber Lukas sah ihm an, dass er das nicht kapiert hatte. Er faltete nicht seine Hände. Papa schloss die Augen und neigte seinen Kopf. „Vater im Himmel", begann er, „wir danken dir für das gute Essen und vor allem danken wir dir, dass der, äh -." Allen fiel wieder ein, dass sie noch gar nicht den Namen des Gastes kannten. Aber während des Gebets war es nicht üblich die Augen zu öffnen und andere zu befragen. Aber Papa wusste sich auch so zu helfen: „... dass der Junge hier bei uns zu Gast ist und dass es seinem Fuß wieder besser geht und dass er jetzt wieder frisch und sauber ist. Bitte schenk, dass sich schon bald die Eltern bei der Polizei melden und dass der, äh, Junge wieder bei seiner Familie wohnen kann. Amen."

Als sie beim Abendessen saßen, sagte Papa wieder seinen üblichen Satz: „Dann wollen wir noch danken." Papa stockte, sah zu Schlunz hinüber und fragte: „Schlunz, machst du mit?"
„Du meinst beten?"
„Ja, genau."
„Wieso sagst du dann nicht beten?"

„Hab ich doch.“
„Du hast gesagt, wir wollen noch danken.“
„Wenn ich danken sage, dann meine ich beten.“
„Ach so.“
Dann versuchte Schlunz die gleiche Körperhaltung wie die anderen einzunehmen.
„Danke, lieber Vater“, begann Papa, „für den Tag und dass sich Lukas und der - also, der Schlunz - schon so gut verstehen. Danke auch, dass der Schlunz schon wieder viel fröhlicher ist. Bitte mach, dass er ganz bald seine Familie wiederfindet. Und danke auch für das gute Essen. Amen.“
„Amen“, wiederholten die anderen im Chor und griffen sofort zum Brot. Schlunz saß noch etwas gedankenverloren da. „Also Amen bedeutet: jetzt aufs Essen stürzen?“, überlegte er laut vor sich hin.
„Amen bedeutet: So soll es sein“, sagte Papa, während er sich ein Brot aus dem Korb nahm, „damit beenden wir das Gebet.“
„Warum sagt man dann nicht gleich: So soll es sein, sondern nimmt noch ein Geheimwort?
„Das weiß ich auch nicht“, sagte Papa, „ich nehme an, das ist schon sehr lange so.“
„Trotzdem komisch“, sagte der Schlunz halblaut und griff ebenfalls zu einem Brot. Ganz so gefräßig wie gestern war er heute nicht mehr. Aber irgendetwas an dem Gebet beschäftigte ihn immer noch: „Und wenn man nicht Amen sagen würde oder ‚So soll es sein‘, soll es dann nicht so sein?“
„Doch natürlich.“
„Dann kann man es doch gleich weglassen.“
„Hm“, machte Papa. Er schmierte sein Brot etwas langsamer. Nachdenken und Brot schmieren gleichzeitig konnte Papa nicht. „Ich würde sagen, das Wort ist gleichzeitig auch ein Hinweis an die anderen, die dem Gebet zuhören, dass das Gebet jetzt zu Ende ist.“
„Also könnte man auch sagen: Ende der Durchsage.“
Mama lachte.
„Ja, das könnte man auch sagen“, gab Papa nach, „aber für christliche Ohren hört sich das ein bisschen komisch an.“
Schlunz biss ein Stück vom Brot ab. Er hatte es geschafft beim Reden gleichzeitig sein Brot zu schmieren. „Aber du betest doch nicht für christliche Ohren“, sagte er noch. Mama lachte schon wieder. „Na, Jens, jetzt bringt er dich aber in Schwierigkeiten“, sagte sie vergnügt. Papa grinste auch. „Du hast Recht, Schlunz, manchmal tun wir auch Sachen, die wir einfach von anderen übernommen haben.“
Jetzt schaltete sich Nele ein: „Papa, ab jetzt können wir das doch so machen: Wenn wir beten und du sagst Amen, dann sagen wir auf Deutsch: So soll es sein!“
„Na gut. Das könnt ihr machen.“

(aus Voß, Harry: Der Schlunz - Band 1, Seite 18 und 32-35, Bibellesebund Marienheide [9]2007)

Was hat Papa Schmidtsteiner im Gespräch über das Gebet gut bzw. richtig gemacht?

____

____

Was hätte Papa Schmidtsteiner noch besser machen können?

____

____

Wie würdest du dem Schlunz dein Gebet / dein Beten erklären?

____

____

2. Grundsätzliches über das Gebet

2.1 Was ist Gebet?

Beten ist Reden mit Gott. Da Gott ein dreieiniger Gott ist, können wir zu Gott dem Vater, Jesus dem Sohn und zum Heiligen Geist beten. Wir können mit dem dreieinigen Gott reden, indem wir laut aussprechen oder still in Gedanken benennen, was uns beschäftigt. Es gibt vorformulierte Gebete (zum Beispiel in der Bibel, in Gebetsbüchern oder Tischgebete), die man auswendig lernen oder ablesen kann. Wir können aber auch ganz frei sprechen und uns selbst überlegen, was wir Gott wie sagen möchten.
Beten ist aber nicht nur Reden, sondern auch Hören. Es ist sozusagen wie ein ganz normales Gespräch. Der Unterschied ist, dass wir unseren Gesprächspartner nicht sehen und normalerweise auch nicht akustisch hören können. Trotzdem gibt es Möglichkeiten, Gottes Reden zu hören. Gott redet zu uns Menschen heute zum Beispiel durch die Bibel, durch Gedanken, durch Träume, durch andere Menschen und durch einen inneren Frieden.
Wenn ich mit Gott rede, trete ich in eine persönliche Beziehung mit ihm. Da Gott sich eine Beziehung zu uns Menschen wünscht, freut er sich, wenn wir mit ihm reden.

2.2 Was sagt die Bibel über das Gebet?

Zahlreiche Bibelstellen geben dem Gebet eine sehr große Bedeutung und ermutigen zum ausdauernden Beten. Zum Beispiel 1. Thessalonicher 5,17: *„Betet unablässig!“* und Römer 12,12: *„Hört nicht auf zu beten“*. So macht es auch die Witwe im Gleichnis von der „Bittenden Witwe“ in Lukas 18,1-8: Sie hört nicht auf zu bitten, bis der Richter ihr gibt, worum sie ihn bittet. Auch Jesus gibt dem Gebet einen sehr hohen Stellenwert. Er selbst zieht sich immer wieder zurück, um im Gebet Zeit mit seinem Vater im Himmel zu verbringen (vgl. Lk 9,18). Er lehrt seine Jünger und damit auch uns durch das Vaterunser (Mt 6,9-13), wie wir beten sollen. Wir dürfen Gott wie sein Sohn Jesus mit *„Vater“* ansprechen. In Johannes 15,16 sagt Jesus, dass wir in seinem Namen beten sollen, dann wird der Vater uns geben, worum wir ihn bitten. Und tatsächlich versprechen Bibelstellen wie Matthäus 7,7 *„Bittet und es wird euch gegeben!“* oder Matthäus 21,22 *„Für alles, worum ihr im Gebet bittet, gilt: Wenn ihr glaubt, werdet ihr es bekommen“*, dass es sich lohnt Gott zu bitten. Sie machen deutlich, welch große Macht das Gebet hat.

Aber nicht nur das Bitt-Gebet hat in der Bibel einen hohen Stellenwert. Auch die Anbetung und der Dank Gott gegenüber soll in unseren Gebeten zum Ausdruck kommen. Verse wie *„Ich will den Herrn preisen zu aller Zeit. Sein Lob soll stets aus meinem Munde kommen“* (Ps 34,2) und das wiederholte *„Dankt dem Herrn“* (1. Chr 16,8; Ps 105,1; Ps 107,1 usw.) fordern uns auf, mit unserem Lob und unserem Dank im Gebet zu Gott zu kommen.

Und auch wenn wir manchmal das Gefühl haben, unsere Gebete gehen gerade bis zur Zimmerdecke, sagt uns die Bibel ganz klar, dass keines unserer Gebete umsonst ist. Gott hört jedes Gebet: *„Ich habe dein Gebet gehört und deine Tränen gesehen“* (2. Kön 20,5; Luther). Auch wenn Gott unsere Gebete manchmal anders beantwortet, als wir es uns gewünscht hätten, sind sie doch nicht umsonst. In der Offenbarung wird sogar beschrieben, dass Gott alle unsere Gebete in goldenen Schalen sammelt (Offb 5,8). So wertvoll sind ihm unsere Gebete.

2.3 Wo und wann kann man beten?

Gebet ist unabhängig von Ort und Zeit. Man kann immer und überall mit Gott, Jesus und dem Heiligen Geist reden. Egal ob im Gottesdienst, unter der Dusche, am Esstisch, in der Schule, im Bus, im Urlaub, im Bett oder beim Sport - Gott hört das Gebet. Viele Menschen haben dennoch einen Lieblingsort, an dem sie regelmäßig beten. Solche Rituale können uns helfen, zur Ruhe zu kommen und uns auf das Gespräch zu konzentrieren.
Bei Gott gibt es auch keine ungünstige Zeit. In Psalm 121,4 steht, dass Gott niemals schläft. Er ist also rund um die Uhr für uns erreichbar und es ist auch kein Problem für ihn, wenn ganz viele Menschen auf der Welt gleichzeitig und in unterschiedlichen Sprachen beten. Für ihn ist jedes einzelne Gebet wichtig!

2.4 Warum soll man überhaupt beten?

Man kann sehr viel über Gott, Jesus und die Bibel wissen. Dieses Wissen bedeutet aber noch lange nicht, dass man eine persönliche Beziehung zu Gott hat, man Jesus vertraut oder an das glaubt, was in Gottes Wort steht. Erst durch das Gebet wird die Theorie, das Wissen praktisch. Indem man mit Gott redet und auf ihn hört, lässt man sich auf eine persönliche Beziehung mit ihm ein. Das Gebet ist also der Schlüssel zu einer persönlichen Gottesbeziehung. Beim Gebet wendet man sich mit seinen Anliegen - Dank, Bitte, Ängste, Freude ... - an den, der alle Macht hat. Es gibt keine bessere Adresse für unsere Herzensanliegen. Außerdem dient das Gebet auch dazu, unser Leben zu ordnen und neu auszurichten.

2.5 Was bedeutet das „Amen“ am Ende des Gebets?

Amen ist hebräisch und bedeutet übersetzt „So soll es sein“. Es steht oft (wie zum Beispiel beim Vaterunser) am Ende eines Gebets. Es dient einerseits als Bekräftigung des eben Gesagten und ist ein Zeichen für das Vertrauen des Betenden in Gottes Handeln; andererseits ist es auch das Zeichen, dass ein Gebet beendet ist.

3. Gebetsinhalte

Im Gebet kann jeder Mensch seine Gefühle und Gedanken Gott gegenüber ganz frei und offen zum Ausdruck bringen. Gott möchte keine frommen Floskeln, sondern Ehrlichkeit. Das sagt Jesus deutlich in Matthäus 6,5: *„Wenn ihr betet, macht es nicht wie die Scheinheiligen."* Die Bibel bietet (vor allem in den Psalmen) zahlreiche Beispiele für Gebete, die Menschen in allen möglichen Situationen gesprochen haben. Menschen in Notlagen, in überschwänglicher Freude, in tiefer Trauer und in der Erkenntnis von Gottes Wesen und Handeln. Das Gespräch mit Gott ist also in jeder Lebenslage oder Stimmung möglich und gewollt. So vielfältig unser Leben ist, so vielfältig ist auch das, was wir Gott sagen können. Es müssen nicht immer die großen Lebensthemen sein - ihn interessiert auch unser Alltag.

Im Folgenden werden die sechs typischen Gebetsinhalte kurz erläutert:

3.1 Bitte

Gott fordert uns immer wieder auf, ihn zu bitten. So zum Beispiel in Matthäus 7,7, wo Jesus zusagt: *„Bittet und es wird euch gegeben!"* Da das Bitten in der Natur des Menschen liegt, muss man niemandem das Bitten beibringen. Bitten können wir schon von klein auf. Unsere Bedürfnisse machen uns deutlich, um was wir bitten können. Das kann Hilfe, Schutz, Vergebung, Führung, Gesundheit, Konzentration, Freude, gute Noten, eine gute Nacht, Bewahrung, Essen, Trinken, Freunde, Mut, Weisheit, Kraft, gutes Wetter, Versöhnung, Heilung, Geld, Trost sein - und alles andere, was uns wichtig ist.
Da Gott allmächtig ist, sind wir mit unseren Bitten bei ihm immer an der richtigen Adresse. Ihm sind auch die Dinge möglich, die uns unmöglich erscheinen.

Beispiele aus der Bibel

- Jabez betet in 1. Chronik 4,10 (Luther): *„Segne mich doch und erweitere mein Gebiet! Sei bei mir in allem, was ich tue, und bewahre mich vor allem Kummer und Schmerz!"* Und noch im gleichen Vers lesen wir: *„Und Gott erfüllte ihm seine Bitte."*
- David bittet Gott um Schutz und Hilfe in Psalm 141,9: *„Bewahre mich vor dem Klappnetz, das sie schon für mich ausgespannt haben - und vor den anderen Fallen der Übeltäter."*
- Hanna, die kinderlos war und deshalb verspottet wurde, bittet Gott in 1. Samuel 1,10.11 (Luther) um einen Sohn: *„Hanna war ganz in ihren Kummer versunken und weinte bitterlich, während sie zum Herrn flehte (...) Wenn du mein Leid siehst und an mich denkst und mich nicht vergisst und mir einen Sohn schenkst ..."*
- In Psalm 86,11 bittet David Gott: *„Lehre mich, Herr, deinen Weg! Ich möchte nach deiner Wahrheit leben."*

3.2 Dank

Beim Dankgebet erkennen wir Gott als den Geber aller guten Gaben an. Normalerweise bringt eine erfüllte Bitte automatisch den Dank mit sich. Aber oft vergessen wir das Danken im Alltag. So wie die zehn Aussätzigen, die Jesus gesund macht und von denen nur einer zu Jesus zurückkommt, um sich bei ihm zu bedanken (vgl. Lk 17,11-19). Wir konzentrieren uns viel mehr auf das, was wir nicht haben, anstatt auf das, was wir haben. Die Bibel aber gibt dem Danken eine sehr hohe Priorität und fordert uns auf: *„Dankt Gott für alles“* (1. Thess 5,18)! Wir sollen Gott dankbar sein für die Dinge, die für uns vielleicht schon selbstverständlich geworden sind; zum Beispiel genug Essen und Trinken, Wasser, Kleidung, eine Familie, ein Zuhause, Freunde, Gesundheit, eine Schulbildung usw. Wer Gott regelmäßig dankt, ist sich bewusster, wie viel Gutes ihm gegeben ist. Aber die Bibel fordert noch mehr. Wir sollen Gott auch für Dinge danken, bei denen es uns vielleicht gar nicht zum Danken zumute ist. Da kann das Danken eine wirkliche Herausforderung sein, wenn wir in Jakobus 1,2 lesen: *„Ihr habt allen Grund zur Freude, wenn ihr vielfältig auf die Probe gestellt werdet.“*

Beispiele aus der Bibel

- In Apostelgeschichte 27,35 dankt Paulus Gott vor dem Essen: *„Nachdem er das gesagt hatte, nahm er Brot und sprach vor aller Augen das Dankgebet. Dann brach er das Brot in Stücke und fing an zu essen.“*
- David dankt Gott in Psalm 139,14 dafür, wie er ihn geschaffen hat: *„Ich danke dir dafür, dass ich so unglaublich wunderbar geschaffen bin. Ich weiß, wie wundervoll deine Werke sind.“*
- Ein Leprakranker bedankt sich in Lukas 17,15.16 bei Jesus dafür, dass er ihn gesund gemacht hat: *„Er lobte Gott mit lauter Stimme, warf sich vor Jesus auf den Boden und dankte ihm.“*
- Der Psalmbeter in Psalm 118,21 dankt Gott: *„ich will dir danken, weil du mir Antwort gabst. Du bist für mich zum Retter geworden.“*

3.3 Fürbitte

Das Wesen der Fürbitte verbirgt sich schon im Wort selbst. Es geht darum, Gott für jemand anderen zu bitten. Durch die Fürbitte übernimmt man Verantwortung für einen anderen Menschen und für die uns anvertraute Welt. Man wendet sich, wenn man vielleicht selbst nicht helfen kann, an eine bessere Adresse: an Gott selbst, denn wir wissen, dass Gottes Möglichkeiten unsere menschlichen Möglichkeiten übersteigen. Es handelt sich dabei um eine besondere Form der Unterstützung und Hilfe für einen anderen Menschen, ja fast schon um ein priesterliches, stellvertretendes Eintreten des Beters bei Gott. Durch die Fürbitte richtet der Beter seinen Blick von sich selbst weg hin zu einer missionarisch-diakonischen Einstellung.

Besonders wichtig ist es, für Menschen zu beten, die selbst vielleicht nicht oder nicht mehr beten können. Zum Beispiel weil sie Gott noch nicht kennen, weil sie gerade von Gott enttäuscht sind und ihnen das Beten schwerfällt oder weil sie großes Leid durch Krankheit oder andere Umstände erfahren und deshalb besondere Fürbitte brauchen.

Beispiele aus der Bibel

- Jesus selbst bittet seinen Vater für die Menschen, die ihn ans Kreuz schlagen, in Lukas 23,34: *„Vater, vergib ihnen. Denn sie wissen nicht, was sie tun.“*
- Jesus bittet für Petrus in Lukas 22,32, dass sein Glaube nicht aufhört: *„Aber ich habe für dich gebetet, dass dein Glaube nicht aufhört.“*
- Paulus betet für die Gemeinden, die er gegründet hat, und schreibt das auch immer wieder in seinen Briefen an die Gemeinden. Zum Beispiel an die Kolosser: *„Jedes Mal, wenn wir für euch beten, danken wir Gott, dem Vater unseres Herrn Jesus Christus“* (Kol 1,3).

3.4 Lob und Anbetung

In der Anbetung rühmt der Beter Gottes Größe und Herrlichkeit. Er bekennt sich zu Gott und gibt ihm die Ehre (vgl. Röm 4,20). Man kann Gott zum einen für das loben, was er getan hat in der Natur, am Kreuz und im eigenen Leben. Zum anderen kann man Gott auch dafür loben, wie er ist: barmherzig, geduldig, gnädig, ein liebender Vater, allmächtig, allwissend, allgegenwärtig usw. In der Bibel finden wir eine Fülle von Namen, Eigenschaften und Vergleichen, wie Gott ist. Gott freut sich darüber, wenn wir ihn anbeten, und er ist es wert, von uns angebetet zu werden.

Beispiele aus der Bibel

- In Psalm 103,8 zählt David gute Eigenschaften Gottes auf und betet ihn damit an: *„Reich an Barmherzigkeit und Gnade ist der Herr, unendlich geduldig und voller Güte.“*
- Das Volk Israel preist Gott in Nehemia 9,5b.6 (Luther) wegen seiner Größe und für das, was er geschaffen hat: *„Gepriesen sei sein herrlicher Name! Er ist größer, als wir es mit unserem Lobpreis ausdrücken können. Du allein bist der Herr. Du hast den Himmel gemacht, das Firmament und die Sterne, die Erde und alles, was auf ihr lebt, und das Meer und alles, was darin ist.“*
- Und der Psalmist lobt Gott mit folgenden Worten in Psalm 92,5: *„Ja, dein Tun, Herr, hat mich fröhlich gemacht. Ich will jubeln über die Taten deiner Hände.“*

3.5 Schuldbekenntnis und Buße

Die Bibel fordert uns auf, unsere Schuld Gott zu bekennen. In 1. Johannes 1,9 lesen wir: *„Wenn wir aber unsere Schuld eingestehen, ist Gott treu und gerecht. Er vergibt uns die Schuld und reinigt uns von allem Unrecht."* Es wird deutlich, dass Gott Schuld vergibt und dass es nichts gibt, was Gott uns nicht vergeben kann und will. Gott möchte aber, dass wir ihn wirklich um Vergebung bitten und unsere Schuld als solche erkennen und bekennen - so wie der Zöllner im Gleichnis vom Pharisäer und Zöllner (Lk 18,9-14): *„Gott, vergib mir! Ich bin ein Mensch, der voller Schuld ist."* Wenn wir unsere Schuld vor Gott bekennen und bereuen, so tun wir Buße.

Beispiele aus der Bibel

- David bittet Gott in Psalm 25,11 um Vergebung: *„Bleib deinem Namen treu, Herr, und vergib mir meine Schuld - sie ist so groß!"*
- Im Psalm 51,3.4 bekennt König David seine Schuld, nachdem er mit Batseba Ehebruch begangen hat, und bittet: *„Hab Erbarmen mit mir, Gott! Das entspricht doch deiner Güte. Vergib mir meine Vergehen! So groß ist deine Barmherzigkeit. Wasche mich rein von meiner Schuld. Säubere mich von meiner Sünde."*
- Daniel bekennt in Daniel 9,5 vor Gott die Schuld seines Volkes: *„Doch wir haben gegen dich gesündigt und großes Unrecht begangen! Was du wolltest, war uns gleichgültig! Ja, wir haben uns gegen dich aufgelehnt und deine Gebote und Weisungen umgangen."*
- Und auch Jesus lehrt seine Jünger, mit dem Vaterunser um Vergebung zu bitten (Mt 6,12): *„Und vergib uns unsere Schuld, so wie wir denen vergeben haben, die uns gegenüber schuldig geworden sind."*

3.6 Klage

Oft beschönigen wir die Dinge, auch im Gebet. Wir sparen das aus, was uns ärgert oder wo wir von Gott enttäuscht sind. Wir haben das Gefühl, auf Gott nicht wütend sein zu dürfen. Aber wenn wir das Klagen nicht zulassen und aussprechen, entsteht in uns Bitterkeit. Deshalb ist es wichtig, Gott unser Leid und unsere Not zu klagen - auch dann, wenn wir selbst keinen Ausweg mehr sehen. Auch die großen Glaubensvorbilder der Bibel wie David, Hiob oder Jeremia haben Gott angeklagt. Es gibt sogar ganze Klagepsalmen (vgl. Ps 12, 13, 22, 130). Gott nimmt unsere Klage ernst. Er versteht es, wenn wir uns in Ängsten, Anfechtungen, Nöten, Krankheit, Unglück und Verfolgung gefangen fühlen. Wichtig ist es aber, nach der Klage unsere Perspektive wieder zu verändern und der Größe Gottes und seiner Allmacht zu vertrauen. Oft enden die Klagepsalmen in der Bibel deshalb in einem Loblied über Gott.

Beispiele aus der Bibel

- Die Klage Hiobs, den großes Leid getroffen hat: „*Vor lauter Seufzen kann ich nichts mehr essen, meine Klagen strömen aus mir wie Wasser. Was ich immer gefürchtet habe, ist eingetreten; wovor ich entsetzt zurückschrak, ist mir zugestoßen. Ich hatte noch keinen Frieden, keine Rast, keine Ruhe, da brach schon der nächste Sturm los*“ (Hiob 3,24-26; Luther)
- Im Psalm 88,4 klagen die Nachkommen Korachs: „*Denn ich habe es satt, so erbärmlich zu leiden. Ich fühle mich dem Totenreich ganz nahe.*“
- David klagt im Psalm 38,7.9: „*Ich bin gekrümmt und tief gebeugt. Den ganzen Tag gehe ich traurig umher. Ich bin erschöpft und ganz und gar zerschlagen. Ich brülle heraus, was mein Herz bedrückt.*“
- Sowohl David und auch später Jesus am Kreuz schreien zu Gott: „*Mein Gott, mein Gott, warum hast du mich verlassen*“ (Ps 22,2 und Mt 27,46)?

4. Gebetshaltungen

Obwohl das Gebet ein Reden des Herzens mit Gott ist und zu jeder Zeit, an jedem Ort und in jeder Situation möglich ist, gibt es zusätzliche äußere Ausdrucksformen, die das Gebet unterstützen.

4.1 Hände falten und Augen schließen

Eine in unserer Kultur und Tradition sehr weit verbreitete Gebetshaltung ist das Falten der Hände und/oder das Schließen der Augen. Oft wird dazu noch der Kopf gesenkt. Diese Gebetshaltung taucht in der Bibel zwar nirgends auf, hat aber den Sinn, sich ganz auf das Gebet zu konzentrieren und sich nicht durch das ablenken zu lassen, was die Hände „nebenher" tun oder die Augen sehen.

Diese Gebetshaltung ist für die meisten Kinder sicher am vertrautesten. Deshalb ist es wichtig, den Kindern zu erklären, dass diese Art zu beten nicht zwingend ist und es auch noch andere Gebetshaltungen gibt. Gleichzeitig sollten sich die Kinder aber auch nicht „veraltet" vorkommen, wenn sie diese Gebetshaltung einnehmen.

4.2 Sich neigen

In 1. Mose 24,26 (Luther) lesen wir: *„Da neigte sich der Mann und betete den Herrn an."* Diese Haltung erinnert an das, was bei uns heute noch viele mit dem Senken des Kopfes andeuten: das Verbeugen vor einer höhergestellten Person. Vermutlich ist diese Gebetshaltung ein Ausdruck der Unterordnung und der Demut gegenüber Gott, dem Herrn und König. Viele Kinder kennen das „Sich-Verneigen" im Alltag wahrscheinlich nur noch aus Filmen oder vom japanischen Kampfsport. Um Kindern deutlich zu machen, warum man sich vor Gott verneigen soll, ist es wichtig ihnen zu erklären, dass die Bibel Gott als König beschreibt, zum Beispiel in Psalm 10,16: *„Der Herr ist König für immer und alle Zeit!"*

4.3 Knien

Ähnlich wie das Neigen ist auch das Knien vor Gott, dem König, ein Ausdruck von Demut. Aber auch die Verehrung Gottes wird in dieser Haltung deutlich. So tat es zum Beispiel Daniel. Er *„fiel des Tages dreimal auf seine Knie, betete, lobte und dankte seinem Gott"* (Dan 6,11; Luther). Mordechai, der Cousin von Ester, weigerte sich, vor jemand anderem als vor Gott dem Herrn niederzuknien (Ester 3,5). In der Bibel heißt es in Römer 14,11 sogar, dass Gott selbst sagt: *„Vor mir wird jedes Knie sich beugen, und jede Zunge wird sich zu Gott bekennen."*

4.4 Liegen

Die liegende Gebetshaltung unterstreicht oft ein bittendes oder flehendes Gebet. In der Bibel lesen wir zum Beispiel bei Daniel, wie er zum Herrn sagt: *„Wir liegen vor dir mit unserem Gebet"* (Dan 9,18; Luther). Und auch Jesus selbst ist im Garten Gethsemane vor seinem Vater niedergefallen, *„er warf sich zu Boden und betete"* (Mt 26,39): *„Mein Vater, wenn es möglich ist, erspare es mir, diesen Becher auszutrinken."*

4.5 Stehen

Das Aufstehen beim Gebet drückt in besonderer Weise das bewusste Eintreten in Gottes Gegenwart aus. Diese Gebetshaltung finden wir zum Beispiel bei Hanna, als sie im Tempel ist und um einen Sohn betet (vgl. 1. Sam 1,26). Und auch für Jesus scheint diese Gebetshaltung vertraut zu sein. Er selbst weist die Menschen an: *„Wenn ihr euch hinstellt, um zu beten ..."* (Mk 11,25). In unseren Gottesdiensten ist es bis heute üblich, zum Gebet aufzustehen.

4.6 Hände in die Höhe heben

Beim Emporheben der Hände geht es vor allem um das Empfangen von Gottes Kraft und seinem Segen durch das Gebet. Dies wird besonders an der Stelle deutlich, als Mose im Kampf gegen die Amalekiter betet und dabei die Hände Richtung Himmel hebt. Der Sieg hängt von Moses Gebet um Kraft für den Kampf ab: *„Wenn Mose seine Hand emporhielt, siegte Israel; wenn er aber seine Hand sinken ließ, siegte Amalek"* (2. Mose 17,11; Luther).

Das Heben der Hände beim Gebet kann auch ein Zeichen von Anbetung sein. Im Neuen Testament ist das Wort im Griechischen für „Segen" und „Lobpreis" identisch. Beim Heben der Hände strömt also Segen von Gott zum Beter und Lobpreis vom Beter zu Gott.

4.7 Tanzen

Wir finden in der Bibel in 2. Mose 15,20.21 im Loblied Mirjams auch eine fröhlich feiernde und tanzende Art des Gebets: *„Die Prophetin Mirjam, Aarons Schwester, nahm ihr Tamburin zur Hand. Auch die anderen Frauen schlugen ihr Tamburin, und zusammen tanzten sie im Reigen. Mirjam sang ihnen vor: ‚Singt dem Herrn, denn er ist mächtig erhaben'"* (Hoffnung für alle). In einem Anbetungstanz kann durch Musik und Körpersprache unser Lob an Gott auf eine ganzheitliche Weise ausgedrückt werden.

4.8 Kombination von zwei Gebetshaltungen

Auch die Kombination aus zwei Gebetshaltungen ist durchaus möglich. So lesen wir zum Beispiel in 1. Könige 8,54 (Neues Leben), dass Salomo beim Gebet kniete und dabei die Hände in die Höhe hielt: *„Als Salomo diese Gebete und Bitten an den Herrn zu Ende gesprochen hatte, stellte er sich vor den Altar des Herrn, vor dem er mit zum Himmel erhobenen Händen gekniet hatte."*

4.9 Persönliche Gebetshaltung

Auch wenn die Bibel viele unterschiedliche Gebetshaltungen kennt, gibt es doch keine Regelung, wann welche Gebetshaltung eingenommen werden soll oder muss. Letztendlich muss jeder für sich selbst entscheiden, in welcher Gebetshaltung er sich wohl fühlt und welche er gerade für angemessen hält. Dabei gehen die Möglichkeiten noch weit über das hinaus, was uns die Bibel anbietet. Jeder sollte beim Beten das tun, was das Reden mit Gott und das Hören auf Gott unterstützt. Dies kann zum Beispiel auch ein Gebetsspaziergang, ein Eintrag in ein Gebetstagebuch oder etwas ganz anderes sein. Letztlich kommt es Gott nicht auf die äußere Form, sondern die innere Haltung an.

5. Beten mit Kindern

Das Grundanliegen der weiteren Ausführungen ist, Kinder in Kinder- oder Jungschargruppen, aber auch im familiären Umfeld zum persönlichen Gebet zu motivieren. Ihnen sollen der Wert und die Möglichkeiten des Gebets vermittelt werden. Sie sollen alles von Gott erwarten und in ihrer persönlichen Beziehung zu Gott und Jesus wachsen.

Wenn Kinder das Gebet für sich entdecken und auch über die Gruppenstunde hinaus zu Betern werden, ist Großes möglich. Aus einer jungen Generation von Betern, die eine persönliche Beziehung mit Gott leben, können große Glaubensmänner und -frauen werden. Sie können durch ihr Leben ihre Familien, ihr Umfeld und vielleicht sogar eine ganze Gesellschaft verändern. Um die Kinder altersgemäß in ihrer Gebetsentwicklung zu begleiten, ist es wichtig, dabei einige entwicklungspsychologische Faktoren zu berücksichtigen.

5.1 Die Lebenswelt der 6- bis 12-jährigen Kinder

Kinder im Alter zwischen 6 und 12 Jahren stecken voller Energie und Abenteuerlust, sie haben einen großen Bewegungsdrang. Es ist also wichtig, die Kinder immer aktiv in das Geschehen einzubeziehen, ihnen neue Möglichkeiten aufzuzeigen und viel Raum für Bewegung und eigenes Ausprobieren zu geben. So können sie ihre körperlichen Grenzen erreichen und evtl. auch erweitern. 6- bis 12-jährige Kinder sind voller Wissensdurst, ständig auf der Suche nach Antworten und gute Beobachter. Mit der Entwicklung des Denkens wächst auch das Interesse an Natur und Technik.

Die wohl größte Bedeutung hat in diesem Alter die „Peergroup“ (die Gruppe der Gleichaltrigen). Der Gleichaltrige wird zur wichtigsten Bezugsperson. Im Umgang miteinander wird ein Empfinden für Gleichheit und Gerechtigkeit aufgebaut. Innerhalb dieser Gruppe ist das Streben nach absoluter Gerechtigkeit ein wichtiges Thema.
Das Prinzip des blinden Gehorsams wird durch das Prinzip der Gleichheit aller und der Gerechtigkeit abgelöst. Deshalb ist es sehr wichtig, klare Regeln für die Gruppe zu formulieren und konsequent auf die Einhaltung der Regeln zu achten, um nicht ein Gefühl der ungerechten Behandlung in der Gruppe aufkommen zu lassen.
Die Gruppendynamik führt dazu, dass die Kinder ihre eigene Identität finden, anfangen für sich selbst Verantwortung zu übernehmen und gleichzeitig im Wettbewerb mit den anderen stehen. Daher bieten sich für dieses Alter vor allem Wettspiele an mit klaren Regeln und gleichen Gewinnchancen, also mit einer gerechten Ausgangssituation.
Trotz des Wettbewerbs entwickeln die Kinder in diesem Alter auch ein starkes Zugehörigkeitsgefühl zur Gruppe.

Die soziale Akzeptanz wird wichtig und es entstehen Freundschaften. Obwohl es hier geschlechtsspezifische Unterschiede bezüglich der „Tiefe" der Freundschaften gibt, entwickeln sowohl Mädchen als auch Jungen ein Verständnis von Freundschaft. Die Beziehung verlangt nicht mehr unmittelbar nach einer Gegenleistung, sondern die Gegenleistung erfolgt dann, wenn der andere hilfsbedürftig wird.
Emotional sind Kinder in diesem Alter noch nicht gefestigt. Sie lassen ihren Emotionen freien Lauf, sind leicht erregbar und ungeduldig. Hier ist es wichtig, die Gefühle der Kinder ernst zu nehmen und gleichzeitig zu signalisieren, dass man in bestimmten Situationen lernen muss, sich etwas zurückzunehmen.
Ganz allgemein muss man davon ausgehen, dass die Kinder von der heutigen Konsum- und Mediengesellschaft geprägt sind. Die Kinder kaufen entweder selbst oder nötigen ihre Eltern zum Kauf der Dinge, die sie interessieren. Sie sind vom Medienkonsum bestimmt und begnügen sich dabei nicht nur mit den Programmen, die speziell für sie produziert werden. Die Kinder bewegen sich zwar durchaus souverän in diesem System, sind aber trotzdem in ihm gefangen und können das, was sie aufnehmen, noch nicht allein steuern. Ihre Wünsche werden durch die Medien geweckt und gleichzeitig wird der Konsum durch die ständige Vermarktung durch die Medien angekurbelt. Hier ist es für die Kinder wichtig, in den Gruppenstunden ganz bewusst einen Gegenpol zu setzen. Dies geschieht zum Beispiel durch Naturerlebnisse, Spiele mit einfachen Materialien, die Einbeziehung aller Sinne und durch das Erleben von Gemeinschaft.

5.2 Die Entwicklung des Glaubens nach James W. Fowler

Die Gebetsentwicklung steht in engem Zusammenhang mit der Glaubensentwicklung eines Menschen. James W. Fowler hat die Entwicklung des Glaubens in sechs Stufen beschrieben. Diese Stufen werden im Folgenden aufgeführt und die für das Alter von 6 bis 12 Jahren relevanten Stufen 0 bis 2 kurz erläutert.
Seine Untersuchungen zur Entwicklung des Glaubens hat Fowler anhand von Interviews durchgeführt. Dabei hat er die Gespräche unter sieben verschiedenen Aspekten ausgewertet. Das daraus entstandene Stufenmodell macht die Vielschichtigkeit der Entwicklung des Glaubens deutlich.

Die Stufen des Glaubens nach James W. Fowler

(nach: Fowler, James W.: Stufen des Glaubens. Die Psychologie der menschlichen Entwicklung und die Suche nach Sinn, Gütersloh 1991)

Stufe 0: Säuglingsalter und undifferenzierter Glaube
Stufe 1: Intuitiv-projektiver Glaube
Stufe 2: Mythisch-wörtlicher Glaube
Stufe 3: Synthetisch-konventioneller Glaube

Stufe 4: Individuierend-reflektierender Glaube
Stufe 5: Verbindender Glaube
Stufe 6: Universalisierender Glaube

Stufe 0: Säuglingsalter und undifferenzierter Glaube
In dieser Zeit entwickelt sich das Grundvertrauen des Kindes. Durch die enge Beziehung zur Mutter, die den Säugling als erste Bezugsperson mit Nahrung, Reinigung, Zuwendung und Zärtlichkeit versorgt, bildet sich Vertrauen. Laut Fowler ist dies ein „Vertrauen in das eigene Selbst, in seinen Wert und sein Zuhause-Sein" (Fowler, S. 138). Dieser Glaube, der auf dem Vertrauen basiert, ist aber noch vorsprachlich und auch das Bewusstsein des Kindes ist noch im Entstehen. Deshalb kann man diese Stufe nur als Vorstufe ansehen. Trotzdem sind die Entwicklungen in dieser Phase die Grundlage für alles, „was später in der Glaubensentwicklung geschieht (oder drohen, es zu untergraben)" (Fowler, S. 138).

Stufe 1: Intuitiv-projektiver Glaube
Der intuitiv-projektive Glaube ist bei Kindern im Alter von zwei bis sechs oder sieben Jahren anzusiedeln. In dieser Phase kann das Kind noch sehr stark von „Beispielen, Stimmungen, Handlungen und Geschichten des sichtbaren Glaubens der Erwachsenen" (Fowler, S. 150) beeinflusst werden. Die Denkweise des Kindes ist in dieser Phase noch nicht logisch, „Ursache-Wirkung-Beziehungen werden kaum verstanden" (Fowler, S. 140). Damit einher geht auch die Annahme, dass ihre eigenen Erfahrungen und Wahrnehmungen die einzig mögliche Perspektive darstellen. Dieses Denken wird als magisches Denken bezeichnet und äußert sich vor allem in der extrem ausgeprägten und sehr phantasievollen Einbildungskraft des Kindes. Wenn sich zum Beispiel ein Kind den Kopf an der Tischkante anschlägt, dann ist für das Kind „der böse Tisch" daran schuld. Da diese Einbildungskraft bei Kindern oft unvermeidbar und sehr real ist, bemerkt Fowler (S. 149), dass man eine große Verantwortung für die Qualität der Bilder und Geschichten hat, die man der Einbildungskraft der Kinder zur Verfügung stellt. Wir können nicht voraussagen, welche persönlichen Sinnkonstruktionen ein Kind aus dem macht, was ihm zur Verfügung gestellt wird. Deshalb ist es umso wichtiger, immer wieder „eine Atmosphäre zu schaffen, in der das Kind frei, verbal und nicht verbal, die Bilder ausdrücken kann, die es gerade [in seinen Gedanken] schafft" (Fowler, S. 149f.). Nur so wird das Kind ernst genommen und kann Hilfe im Umgang mit verzerrten oder destruktiven Bildern bekommen. Konkret kann dies zum Beispiel bedeuten, dass ein Kind aufgrund seiner Einbildungskraft davon ausgeht, dass Gott ihm genau wie Daniel in der Bibel Löwen schicken wird, gegen die es kämpfen muss, sodass es deshalb große Angst hat. Oder ein Kind wacht nachts auf, denkt, Gott redet jetzt zu ihm, wie er zu Samuel gesprochen hat, und sagt deshalb: „Rede, Herr, ich höre!" Dieses prä-operationale (anschauliche) Denken wird irgendwann vom konkret-operationalen (logischen) Denken des Kindes abgelöst. Diese Veränderung des Denkens durch das zunehmende Verlangen des Kindes, zu wis-

sen und zu verstehen, wie die Dinge zusammenhängen, begünstigt den Übergang in die nächste Stufe. Selbst wenn ein Kind keine religiöse Unterweisung erfährt, geht Fowler davon aus, dass kein Kind das Schulalter erreicht, ohne sich ein eigenes Gottesbild oder mehrere Gottesbilder aufgebaut zu haben.

Stufe 2: Mythisch-wörtlicher Glaube

Diese Glaubensstufe ist die Stufe des Schulkindes. In ihr ist das konkret-operationale (logische) Denken vorherrschend. Das Kind lernt Operationen umzukehren, in Form von Prozessen zu denken und Folgerungen zu ziehen hinsichtlich der Beziehungen von Ursache und Wirkung. Kinder in dieser Phase arbeiten ständig daran, „das Wirkliche vom Scheinbaren zu trennen“ (Fowler, S. 152). Deshalb ist es so wichtig, Kindern in diesem Alter immer wieder einen Beweis für Behauptungen zu liefern, sofern dies möglich ist. Das in der vorherigen Stufe noch sehr stark ausgeprägte egozentrische (ich-bezogene) Denken des Kindes verliert sich immer mehr. Es lernt, sich in die Situation anderer hineinzuversetzen. Eine weitere sehr große Errungenschaft dieser Stufe ist die Fähigkeit, eigene Erfahrungen durch Erzählen zum Ausdruck zu bringen. Außerdem können die Kinder Geschichten, die ihnen erzählt werden, sehr genau wiedergeben. Dieses große Interesse an Geschichten dient der Erweiterung der Lebenswelt des Kindes. Allerdings können die Geschichten in dieser Stufe noch nicht mit Abstand betrachtet und reflektiert werden. Typisch für diese Stufe des Glaubens ist ein sehr stark - stärker noch als in Stufe 1 - ausgeprägtes anthropomorphes (menschliches) Gottesbild. Das bezieht sich sowohl auf das Aussehen Gottes als auch auf seine Eigenschaften und seine Denk- und Handlungsweisen. Begünstigt wird dieses Gottesbild vermutlich durch die neu gewonnene Fähigkeit, sich in die Situation anderer hineinversetzen zu können. Aber auch das Verstehen des Kindes nach dem ganz wörtlichen Sinn, ohne die Fähigkeit, eine Bedeutung im übertragenen Sinn darin zu sehen, trägt sicher dazu bei. So stellen sich zum Beispiel viele Kinder Gott als einen alten Mann mit einem langen weißen Bart vor, der auf einem Thron im Himmel auf den Wolken sitzt. Und wenn man sie nach dem Handeln Gottes fragt, geben sie Antworten wie sie es von ihren Eltern kennen: Gott tut das Beste und das, was er meint, dass es das Beste für uns ist. Deshalb spielt bei vielen Gesprächen die Fairness und die Gerechtigkeit Gottes eine bedeutende Rolle im Gottesbild der Kinder. Obwohl diese Stufe dem Schulalter zugeordnet wird, gibt es aber durchaus auch noch Jugendliche und Erwachsene, deren Glaube sich in diese Stufe einordnen lässt.

Fazit

Die Stufen des Glaubens nach James W. Fowler erlauben keine absolute Zuordnung nach dem Alter. Daher muss man davon ausgehen, dass sich die 6- bis 12-Jährigen wahrscheinlich hauptsächlich der Stufe 2, also dem mythisch-wörtlichen Glauben zuordnen lassen. Es ist aber durchaus möglich, dass auch Kinder darunter sind, die eher noch in die Stufe 1, also den intuitiv-projektiven Glauben, einzuordnen sind.

Die wichtigste Erkenntnis aus Fowlers Ausführungen zur Entwicklung des Glaubens ist die Tatsache, dass sich der Kinderglaube deutlich vom Erwachsenenglauben unterscheidet. Er ist noch völlig unreflektiert und dem „ausgesetzt“, was Erwachsene ihm „anbieten“. Daher ist es zum einen sehr wichtig, gut zu überlegen, mit welchen Geschichten der Bibel und mit welchen Gottesbildern man die Kinder konfrontieren möchte. Zum anderen muss man sich aufgrund des wörtlichen Verstehens der Kinder sehr genau damit auseinandersetzen, wie man etwas sagt und wie es die Kinder vielleicht verstehen könnten. Außerdem sollte man immer wieder Gelegenheiten schaffen, bei denen das Gottesbild und Gottesverständnis der Kinder zum Ausdruck kommen kann. Dies kann durch Nachfragen, aber auch durch kreative Angebote geschehen. Offenbart ein Kind dann etwas von seinem persönlichen Glauben, ist es wichtig, das Kind immer ernst zu nehmen und ggf. durch gezieltes Nachfragen herauszufinden, wie das Kind zu diesem Gottesverständnis kommt. Damit das Gottesbild des Kindes nicht einseitig bleibt, kann man dem Kind dann gezielt auch andere Eigenschaften Gottes aufzeigen.

5.3 Erfahrungen vom Beten mit Kindern

Bevor es darum geht, welche Gebetsformen und welche Inhalte beim Beten mit Kindern hilfreich sind, ist es wichtig sich klarzumachen, wie Kinder überhaupt beten und welche Fragen Kinder in Bezug auf das Gebet beschäftigen.

Die im Folgenden aufgeführten Erfahrungen gehen auf eigene Erfahrungen der Autorin aus der praktischen Arbeit zurück. Daher ist davon auszugehen, dass diese Erfahrungen repräsentativ sind und viele Mitarbeitende und Eltern ähnliche Erfahrungen machen.

Besonders eindrücklich für mich war die Reaktion eines Kindes auf die Problematik, dass man Gott nicht sehen kann. Ich war dabei den Kindern zu erklären, dass man mit Gott reden kann, obwohl man ihn nicht sieht. Dazu benutzte ich das Beispiel, dass man am Telefon auch mit jemandem redet, den man nicht sieht, den man aber (meistens) kennt und von dem man auch weiß, dass es ihn gibt. Ich sagte, dass es bei Gott genauso ist: Man kann mit ihm reden, weil die Bibel uns sagt, dass es ihn gibt. Auch wenn wir ihn nicht sehen, kann er uns trotzdem hören. Ich rechnete damit, dass ein Kind sagen würde, dass man die Menschen, mit denen man telefoniert, vorher schon einmal gesehen hat oder sie über Skype sehen kann. Aber ein Kind meldete sich und sagte: „Mit unsichtbaren Freunden kann man doch genauso gut reden wie mit welchen, die man sieht!“ Mir wurde klar, dass es für Kinder viel weniger ein Problem ist, mit einem unsichtbaren Freund zu reden, als für uns Erwachsene. Kinder gehen insgesamt viel unvoreingenommener an das Gebet heran als viele Erwachsene.

Grundsätzliche Erfahrungen

Wenn Kinder beten, ...

- ... freut sich Gott darüber ganz besonders, denn er sagt: *„Lasst doch die Kinder zu mir kommen ...“* (Mt 19,14; Mk 10,14; Lk 18,16).
- ... beten sie oft für Dinge, für die Erwachsene vielleicht nicht beten würden.
- ... hört sich das für die Ohren von Erwachsenen manchmal lustig an.
- ... sind sie oft nervös und unsicher.
- ... beten sie oft dasselbe, was ein anderes Kind davor schon gebetet hat.
- ... sind es meistens Bitt- oder Dankgebete.
- ... trauen sie Gott oft sehr viel mehr zu als Erwachsene.
- ... erfährt man, was in ihnen vorgeht.
- ... lachen sie oft, weil sie ihre Unsicherheit versuchen zu überspielen oder weil sie das, was ein anderes Kind sagt, lustig finden.
- ... trauen sie sich manchmal nicht laut zu beten.
- ... reden sie so, wie sie normalerweise auch reden.
- ... sind ihre Gebete meistens kurz und knackig.
- ... beten sie oft für alltägliche Dinge aus ihrer Lebenswelt wie gute Noten, schönes Wetter oder Spaß in der Jungscharstunde.

Kinderfragen in Bezug auf das Gebet

- Wieso betet man?
- Wie kann man mit jemandem reden, den man gar nicht sieht?
- Warum antwortet Gott mir nicht, wenn ich bete?
- Wie kann Gott ganz vielen Menschen gleichzeitig zuhören?
- Versteht Gott alle Sprachen?
- Wie viele Gebete gibt es?
- Was war das erste Gebet?
- Warum kann man Gottes Stimme nicht laut hören?
- Wie antwortet Gott mir, wenn ich bete?
- Wer hat die meisten Gebete erfunden?
- Kann Gott Gedanken lesen?
- Hört Gott alle Gebete?
- Warum ist das, was ich gebetet habe, nicht so passiert?
- Zu wem soll ich beten - zu Gott oder zu Jesus?
- Wenn Gott alles kann, warum hat er mir dann nicht geholfen?
- Was kann man alles beten?
- Betet Gott auch?
- Kann Gott sich alle Gebete merken?
- Kann man auch auf dem Klo beten?

- Hört Gott auch Gebete, die man nur denkt und nicht sagt?
- Warum sagt man „Amen“?
- Wo stehen Gebete in der Bibel?

Manchmal ist es auch für Erwachsene gar nicht so einfach, diese Kinderfragen zu beantworten, denn manche stellen wir uns vielleicht selbst. Wichtig ist auf jeden Fall, dass wir die Kinder mit ihren Fragen ernst nehmen und nicht über sie lachen. Wenn Kinder solche Fragen stellen, zeigt dies, dass sie Vertrauen haben, und dieses Vertrauen darf nicht zerstört werden. Grundsätzlich ist es gut, erst einmal nachzufragen, wie das Kind auf diese Frage kommt. Wenn man den Hintergrund einer Frage kennt, kann man dem Kind oft eine bessere Antwort auf seine Frage geben. Dann sollte man dem Kind so gut man kann die Frage beantworten. Dabei ist es aber nicht in erster Linie wichtig, für alle Fragen eine Antwort parat zu haben. Viel wichtiger ist, dass man dem Kind gegenüber authentisch ist und die Antwort zum Beispiel auf eigene Erfahrungen aufbaut. Es ist kein Problem, einem Kind zu sagen: „Du, das weiß ich gerade auch nicht so genau, aber ich lese noch einmal in der Bibel nach bzw. informiere mich und sage es dir das nächste Mal!“ Es ist dann nur sehr wichtig, dies auch wirklich zu tun. Sonst könnte das Kind enttäuscht sein.
Wenn Kinder Fragen stellen, auf die wir selbst keine Antwort haben oder die uns vielleicht sogar selbst beschäftigen, ist es auch in Ordnung, einem Kind zu sagen: „Ich könnte mir vorstellen, dass ...“ oder „Das verstehe ich leider auch nicht und mir geht es da manchmal genauso wie dir ...“ Die Kinder schätzen es sehr, wenn ein Erwachsener ihnen ehrliche Antworten gibt und nicht einfach nur versucht, alles irgendwie zu erklären. Deshalb sollte man den Mut haben, sich auch Kinderfragen zu stellen und Kinder zum Nachfragen zu ermutigen.

5.4 Die Einstellung der Erwachsenen zum Gebet

Eine ganz zentrale Rolle beim Beten mit Kindern spielt die Person des Erwachsenen und seine persönliche Einstellung zum Gebet. Das Kind orientiert sich sehr stark am Erwachsenen, in diesem Fall an den Mitarbeitenden oder Eltern, und entwickelt sich seinem Vorbild entsprechend. Sie haben mit dem, was, wie und wie lange sie beten, einen entscheidenden Einfluss darauf, ob ein Kind zum persönlichen Gebet motiviert wird oder ob das Gebet für ein Kind unwichtig und langweilig ist.
Dabei ist nicht nur das entscheidend, was man sagt; vielmehr kommt es auch auf die nonverbalen Äußerungen an. Spüren die Kinder beim Beten zum Beispiel, dass man mit jemandem spricht, den man selbst persönlich kennt und zu dem man eine vertraute Beziehung hat? Die Bibel sagt ganz klar: *„Sucht Gottes Nähe, dann kommt er euch nahe“* (Jak 4,8). Wer regelmäßig betet, ist Gott nahe und Gott ist ihm nahe. Diese Nähe spüren die Kinder und sie spüren auch, wenn z. B. das wöchentliche Gebet in der Kindergruppe

das einzige Gebet ist, das ein Mitarbeitender überhaupt spricht. Es reicht nicht aus, den Kindern immer wieder zu sagen, wie wichtig und wertvoll das Gebet ist. Es kommt vor allem darauf an, dass die Kinder dem Erwachsenen oder Mitarbeitenden abspüren, dass er mit jemandem redet, den er kennt, liebt und dem er vertraut. Kinder sind gute Beobachter. Sie schauen sich mehr von uns ab, als wir denken. Deshalb zählt das, was wir tun, mehr als das, was wir sagen.

Auch der zeitliche Rahmen, den man dem Gebet innerhalb der Gruppenstunde oder zu Hause einräumt, gibt Aufschluss darüber, welche Priorität das Gebet für einen selbst hat. Wenn das Gebet beispielsweise mit dem Satz „So, dann beten wir jetzt mal noch kurz und dann geht's weiter mit den Spielen!" eingeleitet wird, bringt der Mitarbeitende damit (bewusst oder unbewusst) zum Ausdruck, dass das Gebet nur eine notwendige Pflicht und Nebensache ist, bevor es mit etwas Schönem weitergehen kann. Oft ist das Gebet in der Praxis nur ein notwendiges oder sogar lästiges „Anhängsel" an die biblische Geschichte. Viele Mitarbeitende und auch Eltern nehmen sich nur wenig Zeit, um mit den Kindern gemeinsam zu beten und ihnen die Vielfalt der Gebetsinhalte und Gebetshaltungen aufzuzeigen. So kann das Kind aber den Wert des Gebets vermutlich nicht für sich erkennen und schon gar nicht erleben. Dabei kann man das Gebet für die Kinder allein schon dadurch wertvoller machen, indem man mehr Zeit dafür einplant und es bewusst miteinander gestaltet.

Um den Kindern deutlich zu machen, dass sie mit Gott und Jesus ganz normal wie mit einem Vater oder Freund sprechen können, ist auch die Sprachmelodie und die Wortwahl von Bedeutung. Der Erwachsene sollte beim Gebet ganz authentisch sein. Seine Sprachmelodie sollte - wie sonst auch - mit dem Inhalt des Gesagten übereinstimmen. Oft genug erlebt man einen monotonen Sprechton, der überschwänglich dankt, oder eine völlig verfremdete „Gebetsstimme". Dies kann dazu führen, dass das Kind das Gebet als nicht authentisch empfindet. Genauso ist es bei der Wortwahl. Man sollte versuchen, beim Gebet keinen besonders frommen Wortschatz zu verwenden, den die Kinder in der Regel auch nicht verstehen, sondern vielmehr so beten, wie man im Alltag auch mit den Kindern spricht. Dadurch unterstreicht man das, was Kinder vielleicht schon oft gehört haben: Wir können Gott alles sagen, was uns im Alltag beschäftigt und so wie es uns gerade in den Kopf kommt.

Tipp: Es kann hilfreich sein, wenn die Mitarbeitenden sich gegenseitig Feedback geben, wie ihr Gebet in der Kindergruppe wirkt, und sie gemeinsam überlegen, was man besser machen kann.

5.5 Kindern das Beten erklären

Da Kinder im Alter von 6 bis 12 Jahren einen sehr großen Wissensdurst haben und dabei sind, alles zu hinterfragen und Zusammenhänge zu erkennen, ist es sehr wichtig, den Kindern auch das Beten zu erklären.

Dabei geht es zunächst um ganz einfache Dinge. Zum Beispiel kann man immer wieder einfließen lassen, was Beten überhaupt bedeutet. Das kann auf ganz einfache Weise in einem einleitenden Satz vor dem Gebet geschehen: „Wir beten jetzt noch zusammen, das heißt wir reden mit Gott, weil wir wissen, dass er uns zuhört, auch wenn wir ihn nicht sehen können." Es ist aber auch durchaus möglich, eine (oder mehrere) Gruppenstunde(n) zum Thema „Gebet" zu gestalten (Anregungen siehe Kapitel 9).
Außerdem kann man mit den Kindern besprechen, warum manche Menschen zum Gebet die Hände falten, die Augen schließen oder aufstehen, und ihnen erklären, warum man ein Gebet häufig mit dem Wort „Amen" abschließt.
In diesem Zusammenhang kann man Kindern auch sagen, wie sehr Gott sich freut, wenn wir mit ihm reden, und wie wichtig man es deshalb findet, nichts anderes „nebenher" zu machen. Denn es wäre schade, wenn einen selbst oder die anderen Kinder etwas bei diesem Gespräch stört oder sogar davon ablenkt mit Gott zu reden. Diese Wertschätzung gegenüber dem Gebet kann auch Disziplinproblemen während des Gebets vorbeugen. Wenn die Kinder den Wert und die Heiligkeit des Gebets erkennen, sind sie weniger versucht, in dieser Zeit Quatsch zu machen.
Aber nicht nur die äußerlichen Aspekte des Betens sind erklärungswürdig, auch die unterschiedlichen inhaltlichen Aspekte des Gebets sollte man den Kindern erklären.

Dafür eignen sich Vergleiche aus dem Alltag der Kinder: *Beten ist wie ...*

Telefonieren
Du redest mit jemandem, den du nicht siehst, und trotzdem weißt du, dass es ihn gibt und er dir zuhört. Du kannst Gott alles sagen und er antwortet auch auf das, was du ihm sagst. Gott ist für dich jederzeit erreichbar, bei ihm gibt es kein Funkloch! Dazu passt der Vers aus Psalm 50,15 (Luther): *„Rufe mich an in der Not, so will ich dich erretten und du sollst mich preisen."*

Einen schweren Rucksack loswerden
Es gibt Dinge, die dich belasten und die du immer mit dir herumschleppst. So wie einen schweren Rucksack. Aber Gott möchte nicht, dass du dich unnötig abmühst. Ihm kannst du alles sagen, was dich belastet. Du kannst deine Sorgen und das, was du falsch gemacht hast, bei ihm lassen. Er vergibt dir und er kümmert sich um alles, was dir Sorgen macht. Das fühlt sich dann so an, wie wenn du einen schweren Rucksack endlich loswirst. Dazu passen die Verse aus Matthäus 11,28: *„Kommt zu mir, ihr alle, die ihr euch*

abmüht und belastet seid. Bei mir werdet ihr Ruhe finden", und aus 1. Petrus 5,7: *„Alle eure Sorge werft auf ihn, denn er sorgt für euch."*

Ein Navi
Wenn du wissen willst, welche Wege du in deinem Leben gehen sollst, dann kannst du Gott im Gebet fragen, welche Richtung die richtige ist. Gott hilft dir dabei, richtige Entscheidungen zu treffen, und bewahrt dich vor Wegen, die nicht gut für dich sind. Auch wenn du die Stimme Gottes nicht wie die Stimme von Menschen hören kannst, gibt es viele Möglichkeiten, Gott zu hören: durch die Bibel, durch andere Menschen oder durch ein gutes oder schlechtes Gefühl. Er kann dir auch helfen, von falschen Wegen wieder auf den richtigen Weg zurückzufinden. Wenn wir die Wege Gottes gehen, kommen wir irgendwann am richtigen Ziel an, der Ewigkeit bei ihm. Dazu passen Psalm 32,8 (Luther): *„Ich will dich unterweisen und dir den Weg zeigen, den du gehen sollst"*, und Psalm 37,5: *„Lass den Herrn deinen Weg bestimmen! Vertraue auf ihn! Und er wird es tun."*

Einen guten Freund treffen
Das Gebet ist eine Zeit, in der du Gemeinschaft erlebst, weil du dich mit deinem besten Freund triffst und zusammen mit ihm eine gute Zeit verbringst. Dabei lernst du ihn immer besser kennen und die Beziehung zwischen dir und Gott wird enger. Das verspricht Gott in Jakobus 4,8: *„Sucht Gottes Nähe, dann kommt er euch nahe."*

Ein Geheimversteck
In einem Geheimversteck kannst du dich verstecken und zur Ruhe kommen. Es ist ein Ort, wo du allein mit Gott bist. Dort kannst du deine Geheimnisse mit Gott besprechen. Gott behält deine Geheimnisse für sich, ihm kannst du alles sagen und er wird dich nicht enttäuschen. So schlägt es auch Jesus in Matthäus 6,6 (Hoffnung für alle) vor: *„Wenn du beten willst, geh in dein Zimmer, schließ die Tür hinter dir zu, und bete zu deinem Vater."*

Dem König begegnen
Gott ist wie ein König. Er ist mächtig und ihm gehört die ganze Welt. Das hat auch der Psalmist in Psalm 93,1 erkannt: *„Der Herr herrscht als König."* Aber er nimmt sich Zeit für dich. Er möchte wissen, wie es dir geht und was du brauchst. Das sagt er uns auch in Philipper 4,6: *„Macht euch keine Sorgen! Im Gegenteil! Wendet euch in jeder Lage an Gott. Tragt ihm eure Anliegen vor - in Gebeten und Fürbitten und voller Dankbarkeit."*

Essen und Trinken, Kraft tanken
Die Zeit, die du mit Gott verbringst, gibt dir neue Kraft für deinen Alltag. Durch die Gemeinschaft mit Gott wirst du immer wieder neu gestärkt wie von einem guten Essen und frischem Wasser. Denn *„die auf den Herrn harren, kriegen neue Kraft ..."* (Jes 40,31).

Gott ein Kompliment machen

Wenn dir jemand sagt, dass du etwas besonders toll gemacht hast oder ihm etwas an dir sehr gut gefällt, dann freust du dich sicher über dieses Kompliment. Genau so kannst du Gott im Gebet auch Komplimente machen. Du kannst ihm sagen, was du an ihm toll findest oder was er Gutes gemacht hat. Auch der Psalmist in Psalm 66,3.12 (Hoffnung für alle) hat Gott gelobt: *„Wie gewaltig sind deine Taten! ... Du hast uns aus der Gefahr befreit und uns mehr gegeben, als wir brauchten."*

Bei diesen Vergleichen ist es wichtig, die Vielfalt der Aspekte aufzuzeigen, um kein einseitiges Gottesbild zu zeichnen und dem Kind in der Vielfalt zu ermöglichen, seinen eigenen Glauben und sein eigenes Gottesbild zu entwickeln.

5.6 Kindern die ganze Vielfalt des Gebets ermöglichen

Wie in Kapitel 3 und 4 bereits dargestellt, beinhaltet die Bibel ein sehr breites Spektrum an Gebetsinhalten und Gebetshaltungen. Diese werden in der Kinder- und Jungschararbeit und auch in den Familien wohl nur selten ausgeschöpft. Aber genau diese Begrenztheit verhindert die Entwicklung des persönlichen Glaubens und das Finden eines eigenen Weges und begünstigt eine religiöse Entwicklung, die ungeprüft an übernommenen Werten und Traditionen festhält.

Um für sich eine persönliche Form des Gebets finden zu können, ist es wichtig, dass Kinder möglichst viele Gebetsinhalte und -haltungen kennenlernen und ausprobieren können. Auf diese Weise können wir die Kinder in ihrer individuellen Glaubens- und Gebetsentwicklung angemessen unterstützen.

Als Erwachsene stehen wir in der Versuchung, „nur" das weiterzugeben, was wir selbst als gut und hilfreich erfahren oder sogar selbst einfach übernommen haben. Darum sollte man sich immer wieder bewusst vornehmen, unterschiedliche Impulse in Bezug auf das Gebet an die Kinder weiterzugeben, auch wenn das bedeutet, sich selbst mit etwas Ungewohntem auseinanderzusetzen.

Dabei ist es wichtig, nicht einfach wahllos Dinge auszuprobieren und einzubringen, sondern immer das einzelne Kind und die Gesamtgruppe im Blick zu behalten. Nicht jedes Gebet passt zu jedem Anlass und nicht jede Gebetshaltung ist für die Kinder ohne Vorbereitung möglich. Es ist daher empfehlenswert, die neuen Impulse immer an einen in der biblischen Geschichte behandelten Inhalt anzuschließen oder Unbekanntes Schritt für Schritt einzuführen. Außerdem sollte man sich im Vorfeld so mit Gebetsinhalt oder -haltung beschäftigt haben, dass man sie den Kindern erklären und auf Fragen eingehen kann.

5.7 Kindgerechte Sprache und Inhalte

Das Gebet eines Erwachsenen vor und mit Kindern soll authentisch sein und von Herzen kommen. Trotzdem muss man sich immer wieder bewusst machen, dass das Gebet vor und mit Kindern etwas anderes ist, als für sich allein zu beten. Es ist wichtig, das Gebet sowohl von der Sprache als auch vom Inhalt kindgerecht zu formulieren.

Dem Erwachsenen muss bewusst sein, dass ein Kind alles, was er sagt, wörtlich nimmt. Das bedeutet, man sollte keine (Fremd-)Wörter und abstrakten Begriffe oder Metaphern verwenden, die Kinder im entsprechenden Alter noch nicht verstehen. Das gilt auch für biblische Begriffe wie Gnade, Heiligkeit, Erlösung, Heilsgewissheit, Opfertod, Lamm Gottes usw., die die Kinder zwar vielleicht schon gehört haben, aber eigentlich nicht verstehen. Selbst wenn die Kinder meinen, diese Begriffe zu verstehen, können sie die Begriffe doch in den meisten Fällen nicht erklären (das können nicht einmal alle Erwachsenen). Es empfiehlt sich daher, eine einfache Alltagssprache zu verwenden, die auch biblische Begriffe und Sachverhalte einfach und verständlich ausdrückt. Je näher verwendete Beispiele und Themen am Alltag der Kinder sind, desto einfacher ist es für sie, dem Gebet zu folgen und ihm Glauben zu schenken.

Auch vom Inhalt her sollte das Gebet keine komplexen theologischen Wahrheiten enthalten, sondern immer wieder die einfachen Wahrheiten des Glaubens hervorheben:

- Gott liebt dich.
- Gott kennt dich.
- Gott will dein Freund sein.
- Du kannst Gott vertrauen.
- Gott sorgt für dich.
- Gott ist immer bei dir.
- Gott vergibt dir deine Schuld.
- Gott macht dich stark.
- Für Gott ist nichts unmöglich.

Kinder können diese einfachen Wahrheiten gar nicht oft genug hören. Auch wenn man befürchtet, sich ständig zu wiederholen, ist es gut, bei den einfachen Wahrheiten der Bibel zu bleiben. Kinder brauchen diese Wiederholung, um dieses Grundvertrauen zu lernen und zu erleben. Sie sind hilfreich auf der menschlichen Suche nach dem Sinn.

Schließt ein Gebet direkt an die biblische Verkündigung an, ist es wichtig, den Zielgedanken der Verkündigung auch im Gebet aufzugreifen. Das Gebet sollte in diesem Fall das Gehörte abrunden und keine neuen Inhalte ins Spiel bringen. Neue Inhalte führen nur dazu, dass beim Kind neue Gedanken und Fragen aufgeworfen werden und das eben Gehörte dadurch in Vergessenheit gerät.

Grundsätzlich ist es aber sehr sinnvoll, nach der biblischen Verkündigung zu beten, da Verkündigung in erster Linie Wissensvermittlung ist. Das Kind hört etwas über Gott. Im Unterschied zur Verkündigung bringt das Gebet das Kind direkt mit Gott in Kontakt. Es lernt Gott nicht vom „Hörensagen“ kennen, sondern in der direkten Begegnung. Zielt eine Verkündigung zum Beispiel darauf ab, dem Kind zu vermitteln „Gott sorgt für dich“, kann das Kind im Gebet auf das Gehörte reagieren und Gott dafür danken. Dadurch wird das Kind aktiv in das Geschehen einbezogen und hat die Möglichkeit, das vermittelte Wissen vom Kopf in sein Herz rutschen zu lassen.
Kommt in einer biblischen Geschichte eine bestimmte Gebetshaltung vor, bietet es sich natürlich an, diese Gebetshaltung im Anschluss mit den Kindern gemeinsam auszuprobieren. Außerdem ist es sinnvoll, nach einer biblischen Geschichte aus dem AT im Gebet mit Gott zu sprechen und nach einer Geschichte aus dem NT mit Jesus. Grundsätzlich unterscheiden wir beim Beten nicht zwischen Gott und Jesus - an dieser Stelle kann es für die Kinder hilfreich sein, um das Gehörte im Gebet aufzunehmen.

5.8 Das Gebet als Wunschautomat oder: Wenn Gott Gebet nicht erhört

Jedes Kind wird früher oder später die Erfahrung machen, dass eines seiner Gebete (scheinbar) nicht erhört wird. Das Kind ist mit seinem kindlichen Glauben davon überzeugt, dass Gott das tut, worum es ihn bittet. Doch dann erlebt es genau das Gegenteil. Diese Erfahrung bewirkt Frust und Unsicherheit.

Die Geschichte von Amy Carmichael beschreibt genau eine solche Situation (erzählt nach der Geschichte „Nein ist auch eine Antwort“ aus: „Die sprechende Tapete ... und viele andere Geschichten“ von Elfriede Grotz [Hrsg.], Christliche Verlagsgesellschaft Dillenburg):
Die kleine Amy Carmichael liebt Blau: ...den blauen Himmel, das blaue Meer und die blauen Augen ihrer Mutter. Am liebsten hätte sie auch so wunderschöne blaue Augen wie ihre Mutter. Aber ihre Augen sind braun - langweilig braun, wie sie findet. Als eines Abends der Vater aus der Bibel vorliest, klingen seine Worte noch lange in Amys Kopf nach: „Gott kann alles. Er hört Gebet. Bei ihm ist nichts unmöglich!“ Abends im Bett fragt sie ihre Mutter: „Mama, hört Gott auch die Gebete von Kindern?“ „Ja, Gott hört alle Gebete!“, antwortet ihre Mutter und macht das Licht aus. Amy lächelt zufrieden und beginnt ihr Abendgebet: „Bitte, lieber Gott, mach doch, dass meine Augen so schön blau werden wie die von Mutti! Danke, dass du mich hörst!“ Dann schläft sie zufrieden ein. Sie ist sich sicher, dass Gott ihr Gebet erhört. Als sie am nächsten Morgen aufwacht und voller Zuversicht zum Spiegel rennt, muss sie feststellen, dass ihre Augen immer noch braun sind ... Sie sind nicht blau, obwohl sie doch dafür gebetet hat. Gott hat ihr Gebet anscheinend nicht gehört!

Das Spannungsfeld

Wie begegnet man einem Kind, das ein solches Erlebnis hatte? Welche Antwort kann man einem Kind auf die Frage nach dem „Warum" geben? Grundsätzlich gilt, dass jeder Mensch in diesem Spannungsfeld lebt. Einerseits legt Gott eine ganz klare Verheißung auf das Gebet und andererseits sieht das praktische Erleben manchmal doch anders aus. Im Umgang mit dem Kind ist es hier deshalb einfach wichtig, ehrlich zu sein. Auch ein Erwachsener muss einem Kind nicht alle Fragen beantworten können. Er ist viel nahbarer und authentischer, wenn er dem Kind ganz ehrlich sagt: „Ich weiß nicht, warum Gott in diesem Fall nicht das gemacht hat, worum du ihn gebeten hast. Ich verstehe, dass du traurig bist!" Und man könnte noch hinzufügen: „Aber ich weiß, dass Gott dein Gebet trotzdem gehört hat und es wichtig für ihn ist. In der Bibel steht nämlich, dass Gott alle unsere Gebete in goldenen Schalen sammelt! Und er weiß ganz genau, warum es für dich gut ist, in diesem Fall anders zu handeln."
Kinder können im Allgemeinen mit so einer Antwort sehr gut umgehen. Sie lernen durch diese Erfahrungen, Gott nicht als Wunschautomaten zu sehen und die Souveränität Gottes anzuerkennen. Gott ist eben Gott! In Jesaja 55,8.9 (Luther) steht: *„Denn meine Gedanken sind nicht eure Gedanken und eure Wege sind nicht meine Wege, sondern so viel der Himmel höher ist als die Erde, so sind auch meine Wege höher als eure Wege und meine Gedanken als eure Gedanken."*

Anhand von Beispielen aus der Bibel, in denen Gott auch nicht getan hat, worum der Beter ihn gebeten hat, kann dem Kind gezeigt werden, welche Gründe es haben kann, wenn Gott ein Gebet anders beantwortet, als wir es uns wünschen. So kann das Kind vielleicht besser mit der Enttäuschung umgehen:

Gottes Plan ist anders

Jesus selbst erlebte, wie sein Vater nicht das tat oder - besser gesagt - nicht tun konnte, worum er ihn bat. Jesus bat seinen Vater im Garten Gethsemane kurz vor seiner Kreuzigung darum, ihm das Leid zu ersparen. Er sagte zu seinem Vater: *„Mein Vater, wenn es möglich ist, erspare es mir, diesen Becher auszutrinken. Aber nicht, wie ich will, soll es geschehen, sondern wie du willst"* (Mt 26,39)! Gott hätte seinem Sohn sicher sehr gern den Leidensweg und den Tod am Kreuz erspart, aber er wusste, es ist nötig, um alle Menschen zu retten und ihnen einen Weg zurück zu Gott zu ermöglichen. Manchmal ist Gottes Plan eben einfach anders als unser.

(Unsere) Schuld steht der Bitte im Weg

König David wollte gern den Tempel des Herrn bauen, aber Gott verweigerte ihm diesen Wunsch und sagte zu David: „Du hast in den großen Schlachten, in denen du gekämpft hast, viel Leben vernichtet. Weil du so viel Blut vor mir vergossen hast, sollst du es nicht sein, der ein Haus zu Ehren meines Namens baut." Gott möchte, dass Davids Sohn Salomo den Tempel baut (1. Chr 22,6-10). Unvergebene Schuld kann einer Gebetserhörung im Wege stehen.

Gott spielt keine Spielchen mit uns
Auch die Pharisäer, die von Jesus ein Zeichen vom Himmel fordern, werden zurückgewiesen. Jesus antwortet ihnen sehr hart: *„Nur böse, treulose Menschen verlangen ein Wunder"* (Mt 16,7; Neues Leben). Gott muss uns nicht beweisen, dass er allmächtig ist.

Leid kann uns näher zu Gott bringen / Leid macht uns mehr von Gott abgängig
Auch der große Gottesmann Paulus muss mit einer unerfüllten Bitte leben. Er berichtet: *„Aber damit ich mir nichts darauf einbilde, ließ Gott meinen Körper mit einem Stachel durchbohren. Ein Engel des Satans darf mich mit Fäusten schlagen, damit ich wirklich nicht überheblich werde. Dreimal habe ich deswegen zum Herrn gebetet, ihn wegzunehmen. Aber der Herr hat zu mir gesagt: ‚Du brauchst nicht mehr als meine Gnade. Denn meine Kraft kommt gerade in der Schwäche voll zur Geltung'"* (2. Kor 12,7-9). Manchmal bringt uns eine unerhörte Bitte näher zu Gott als eine erhörte Bitte.

Gott möchte seine Macht und Herrlichkeit zeigen
Nicht zuletzt hat Jesus auch nicht sofort auf die Bitte von Maria und Marta reagiert. Ihr Bruder Lazarus war schwer krank. Sie baten Jesus schnell zu kommen und ihn wieder gesund zu machen. Aber Jesus blieb noch zwei Tage, wo er war, und machte sich erst dann auf den Weg zu Lazarus. Als er ankam, war Lazarus bereits gestorben. Für Maria und Marta muss es so ausgesehen haben, als ob Jesus ihre Bitte nicht erfüllt hat. Doch Jesus weckt Lazarus wieder von den Toten auf (Joh 11,1-44). Sein Zeitplan bei der Erfüllung ihrer Bitte war ein anderer als ihrer. So wurde seine Macht noch deutlicher sichtbar.

Was aber trotz allem gilt, ist Gottes Zusage *„denen, die Gott lieben, dient alles zum Guten"* (Röm 8,28). Diese Wahrheit erklärt vielleicht Gottes Handeln, ist aber in manchen Situationen als Antwort eher unbarmherzig, auch wenn es wahr und richtig ist.
Man kann zum Beispiel einem Kind, das fragt, warum seine Oma gestorben ist, obwohl es dafür gebetet hat, dass dies nicht passiert, nicht antworten: „Das war einfach das Beste für dich und für deine Oma!" Hier ist viel Sensibilität gefragt!

Wir müssen lernen, mit der Tatsache zu leben, dass Gott nicht alle unsere Gebete so erhört, wie wir uns das vorstellen. Auch Kinder müssen diese Erfahrung machen. Oft sehen wir in Gottes Handeln einfach keinen Sinn und es kann auch sein, dass wir diesen Sinn - solange wir hier auf dieser Erde sind - wirklich nicht erkennen. Immer wieder kommt es aber vor, dass sich Gottes Antwort auf unser Gebet erst viel später doch noch als gute Antwort erweist und wir das auch erfahren können. So wie in der Geschichte von Amy Carmichael:

Eine Träne läuft über ihr Gesicht und in diesem Moment kommt es ihr vor, als ob eine Stimme zu ihr sagt: „Ist denn ‚Nein‘ nicht auch eine Antwort?“ Viele Jahre später wird Amy Missionarin in Indien ... Um besser mit den Indern in Kontakt zu kommen, kleidet sie sich wie eine Inderin und macht ihr Gesicht mit Kaffee braun. Eines Tages sagt eine befreundete Missionarin zu Amy: „Wie gut, Amy, dass du braune Augen hast... - sonst würden alle hier sofort erkennen, dass du eine Ausländerin bist!“

Der Ampelvergleich

Um den Kindern deutlich zu machen, dass Gott eben kein Wunschautomat ist, sondern unsere Gebete auf seine Art und Weise erhört, bietet sich der Vergleich mit einer Verkehrsampel an. Eine Verkehrsampel dient dazu, den Straßenverkehr zu ordnen und zu verhindern, dass es zu Unfällen kommt. Gott hat den Überblick über die ganze Welt. Er entscheidet, wie er unsere Gebete beantwortet, damit es kein Chaos auf der Welt gibt. Schließlich wäre es fatal, wenn alles, was irgendjemand betet, sofort passieren würde. Die drei Farben der Ampel (Rot, Gelb und Grün) stehen für die drei Möglichkeiten, wie Gott unser Gebet beantworten kann: Rot = Nein! / Gelb = Warte! / Grün = Ja! Egal wie Gott unser Gebet beantwortet, Gottes Antwort ist richtig und gut, schließlich hat er einen besseren Überblick als wir.

Es ist hilfreich, den Kindern die Antworten Gottes durch Beispiele deutlich zu machen:

Rot - Gott sagt: „Nein!“

Ein kleines Kind, das seinen Vater bittet, mit einer scharfen Rasierklinge oder einem scharfen Messer spielen zu dürfen, bekommt von ihm diese Erlaubnis sicher nicht. Der Vater weiß, wie leicht sich das Kind damit verletzen kann. Deshalb sagt er „Nein!“, auch wenn sich das Kind das Messer noch so sehr wünscht und ihn noch so oft darum bittet. Wenn Gott zu etwas „Nein!“ sagt, um das wir ihn bitten, dann tut er das nur, weil er weiß, dass es nicht gut für uns ist. Er bleibt dann bei seiner Entscheidung, weil er unser Bestes will, auch wenn wir vielleicht (noch) nicht verstehen, was an unserer Bitte nicht gut für uns ist.

Gelb - Gott sagt: „Warte!“

Wenn ein Kind seine Mutter um ein Bonbon oder ein Stück Schokolade bittet, dann bekommt das Kind die Bonbons oder die Schokolade sicher gern von ihr. Aber die Mutter sagt vielleicht zu dem Kind: „Warte noch bis nach dem Mittagessen, dann gebe ich dir die Schokolade!“ Denn wenn das Kind vor dem Mittagessen schon zu viele Süßigkeiten essen würde, wäre sein Bauch schnell voll und es würde das gesunde Mittagessen verpassen. Manches, um das wir Gott bitten, möchte er uns gern geben. Aber manchmal brauchen wir trotzdem noch etwas Geduld (vgl. Hebr 10,36). Vielleicht ist es zu dem späteren Zeitpunkt dann sogar noch viel besser!

Grün - Gott sagt: „Ja!“
Dies ist uns im Normalfall am liebsten. Wir bitten um etwas und bekommen es sofort. Auch das haben wir alle schon oft erlebt. Wir beten, dass wir etwas finden, das wir verloren haben, und finden es gleich darauf usw. Hierfür gibt es unzählige Beispiele.

Kinder werden nicht immer verstehen, warum Gott ihre Gebete nicht erhört. Gleichzeitig sind sie aber auch in der Lage wichtige Zusammenhänge zu erkennen, die den Umgang mit dieser Spannung erleichtern: Ein Kind, dessen Oma im Krankenhaus lag und für die wir immer wieder gebetet haben, hat mir erzählt, dass seine Oma jetzt gestoben ist. Es sagte: „Meine Oma ist gestorben, obwohl wir dafür gebetet haben, dass sie wieder gesund wird. Ich habe Gott gefragt, warum meine Oma trotzdem gestorben ist. Erst hat er nichts gesagt, aber dann habe ich mir gedacht, dass ja alle Menschen irgendwann sterben müssen; und wenn meine Oma immer wieder gesund geworden wäre, wenn man dafür betet, dann wäre sie nie gestorben - und das geht ja auch nicht. Deshalb ist es okay, dass sie gestorben ist, auch wenn ich darüber traurig bin. Sie war ja schon alt. Ich glaube, das ist Gottes Antwort.“

5.9 Disziplin und Aufmerksamkeit beim Gebet in der Gruppe
Die Kinder- oder Jungscharstunde soll den Kindern Spaß machen, sie soll „die schönste Stunde der Woche“ sein! Es ist wichtig, den Kindern Spaß und Scherze zuzugestehen und dabei auch als Mitarbeitende – in einem gewissen Rahmen – mitzumachen. Eine Kinder- oder Jungscharstunde ist keine Schulstunde und sollte von den Kindern auch nicht als solche empfunden werden. Jesus freut sich, wenn wir fröhlich sind und lachen und auch mal Quatsch machen. Genauso wichtig ist es aber, deutlich zu machen: Die Gebetszeit ist nicht der richtige Zeitpunkt, um Quatsch zu machen oder irgendwelche anderen Dinge nebenher zu besprechen oder zu tun.

Wenn wir beten, reden wir mit Gott. Es ist schon unhöflich, wenn wir mit einem Menschen reden und nebenher andere Dinge machen oder unseren Satz unterbrechen und einfach anfangen, mit jemand anderem zu reden. Wie viel unhöflicher ist das dann im Gespräch mit Gott? Gott ist der König der Welt und nimmt sich trotzdem immer Zeit für uns. Deshalb sollten wir uns beim Gebet auch Zeit für ihn nehmen – für ihn allein. Er ist es wert, dass alles andere in diesem Moment unwichtiger ist.

Dabei hilft es nicht, die Aufmerksamkeit beim Gebet mit strengen Regeln und Strafandrohung zu erkämpfen. Dies führt nur dazu, dass die Kinder das Gebet als etwas Negatives empfinden, bei dem sie still sitzen und es über sich ergehen lassen müssen. Stattdessen ist es viel wichtiger, den Kindern zu vermitteln, mit wem sie reden, wenn sie beten. Die nötige Disziplin und Aufmerksamkeit beim Gebet muss aus dem Wunsch der Kinder entstehen, mit Gott persönlich zu reden. Ganz praktisch bedeutet das, dass man immer wieder formuliert, wie wichtig (einem persönlich) das Gebet ist und welche Möglichkeit das Gebet für das Kind bietet. Was allerdings auch immer wieder ganz deutlich gesagt werden sollte: Kein Kind muss mitbeten, aber es muss leise sein, damit die Kinder, die gern mitbeten möchten, nicht gestört werden.

Wiederholende Störer können im Notfall vom Gebet ausgeschlossen werden, indem sie den Raum verlassen müssen – dies sollte allerdings wirklich nur im Notfall passieren, denn viel wichtiger ist es, dass die Kinder die Gebete der anderen miterleben und dadurch selbst motiviert werden. Wenn ein Kind immer wieder stört, liegen meist wichtige Ursachen zugrunde. Dann sollten nicht die Auswirkungen durch Strafe bekämpft werden, sondern die Ursache.

Mögliche Ursachen bei Disziplinproblemen

Der geistliche Kampf: Der Teufel will nicht, dass Menschen beten, und versucht dies zu stören. Hier kann man mit ausdauerndem Gebet für die Gruppenstunde entgegenwirken und so das gemeinsame Gebet während der Gruppenstunde geistlich vorbereiten.

Die Mitarbeitenden: Durch zu wenig Vorbereitung des Ablaufs und/oder zu wenig Anleitung können immer wieder „Leerlaufzeiten" entstehen. Diese laden die Kinder zum Quatschmachen ein. Dann ist es oft schwerer, die Aufmerksamkeit der Kinder wieder zu bekommen, als sie mit einer guten Vorbereitung und Anleitung gar nicht erst zu verlieren. Das Gleiche gilt auch, wenn ein Mitarbeitender gestresst ist, z. B. durch Zeitverzug, und dadurch unkonzentriert.

Das Kind: Sowohl die familiäre Situation als auch die Entwicklung des Kindes können dazu führen, dass ein Kind sich auffällig verhält und den Gruppenstundenablauf stört. Oft ist ein solches Verhalten aber nur ein versteckter Schrei nach Liebe und Aufmerksamkeit. In diesem Fall kann es hilfreich sein, dem Kind eine besondere Aufgabe zu geben. Das könnte zum Beispiel das Mitschreiben der Anliegen auf einem Plakat sein oder auch das Stoppen der Zeit nach dem Motto „Schau doch mal, wie lange wir Gott danken können!". Vielleicht ist für ein solches Kind das persönliche Gebet eine tolle Möglichkeit, Gebet positiv zu erleben und dies auf das gemeinsame Beten zu übertragen.

Die Umstände: Auch äußere Umstände wie Hitze, unbequeme Stühle und „falsche" Nebensitzer können zu Unruhe führen. Hier kann oft ganz leicht Abhilfe geschaffen werden, indem man mal gut durchlüftet, den Raum entsprechend einrichtet oder Kinder, die sich gegenseitig ablenken, einfach auseinander setzt.

Grundsätzlich gilt, dass es die Aufgabe der Mitarbeitenden ist, den Kindern klarzumachen, wann Quatsch in Ordnung ist und wann nicht. Kinder brauchen klare Regeln und Grenzen, die konsequent eingehalten werden. Damit vertreiben wir die Kinder nicht; im Gegenteil sind die Kinder im Grunde sogar dankbar, wenn ihnen jemand Grenzen setzt, da sie dadurch Sicherheit und Orientierung bekommen.

5.10 Grenzen beim Gebet mit Kindern

Beim Gebet mit Kindern kann es passieren, dass es Kinder gibt, die einen durch das, was sie beten oder wie sie beten, an die Grenze dessen bringen, was in der Gruppe toleriert werden kann. In einem solchen Fall ist es wichtig, dass man dem Kind nicht einfach nur etwas verbietet, sondern mit ihm darüber ins Gespräch kommt, warum es so gebetet hat. Am besten spricht man mit dem Kind nach der Gruppenstunde noch einmal über sein Gebet. Dabei gilt es dann herauszufinden, was der Beweggrund für sein Verhalten war.

Beispiel 1: Ein Kind nimmt bei der Ankündigung des Gebets eine buddhistische Gebetshaltung ein und sagt laut „Ommmm!“
Hier gilt es herauszufinden, woher das Kind diese Gebetshaltung kennt und ob es weiß, woher diese Art zu beten kommt. Weiß das Kind es nicht, ist es wichtig, dem Kind dies zunächst zu erklären. Anschließend sollte ihm der eigene Standpunkt deutlich gemacht werden. Dazu gehört auch die Erklärung des Unterschieds zwischen dem Gott der Bibel und dem, was die Bibel Götzen nennt.
Gehört das Kind tatsächlich einer anderen Religion an, ist es gut, wenn man dem Kind den Gott vorstellt, zu dem wir beten. Anschließend kann man das Kind einladen, ebenfalls zu diesem Gott zu beten.
Grundsätzlich kann man auch in dieser Haltung zu dem Gott der Bibel beten, jedoch ruft diese Haltung sicherlich falsche Assoziationen bei den Mitbetern hervor. Auch das „Ommmm“ ist keine in der Bibel beschriebene Art zu beten.
Oft ist ein solches (er)klärendes Gespräch schon ausreichend. Allerdings kann es auch sein, dass die Absicht des Kindes einfach ist, mit seinem Verhalten zu provozieren. Dann ist es wichtig, dass man sich nicht provozieren lässt, sondern so handelt, dass es im Interesse der gesamten Gruppe ist.

Beispiel 2: Ein Kind betet während des gemeinsamen Gebets laut darum, dass sein Lehrer tot umfällt.
Auch hier gilt es herauszufinden, ob das Kind mit seinem Gebet nur provozieren will und den „Clown“ spielt oder ob ein ernstes Problem in der Schule dahintersteckt. Ist dies der Fall, sollte man dem Kind seine Hilfe im Umgang mit der schwierigen Situation in der Schule anbieten und aufzeigen, dass ein solches Gebet nicht die richtige Lösung des Problems ist. Außerdem kann die Frage nach dem Wert des Gebets und der Bedeutung

der Freundschaft mit Gott aufgegriffen werden: Ob für ein Gespräch mit Gott, dem Schöpfer, ein solcher Wunsch wohl das Richtige ist?

5.11 Verschiedene Gebetsformen in der Kinder- und Jungschargruppe und in der Familie

Hier werden noch einige Methoden vorgestellt, wie das Gebet in Kinder- und Jungschargruppen oder auch in der Familie (hier besteht die Gruppe dann „nur" aus Vater, Mutter und Kind(ern)) kreativ und abwechslungsreich gestaltet werden kann. Wichtig ist bei der Auswahl, die Methoden nicht wahllos einzusetzen, sondern immer zu überlegen, ob sie der Gruppensituation und dem Alter der Kinder angemessen sind. Die Erwachsenen haben die Aufgabe, das Gebet zu leiten. Dazu gehört eine gute Erklärung des Ablaufs sowie ein klares Starten und Beenden des gemeinsamen Gebets. Beides gibt der Gruppe Sicherheit.

Hilfreich bei allen aufgezeigten Methoden ist, wenn man mit den Kindern vor dem Gebet gemeinsam Gebetsanliegen sammelt. So wissen auch die Kinder, die das Beten nicht „gewöhnt" sind, was sie beten können. Außerdem wird ihnen das Formulieren erleichtert und das Spektrum des Gebets breiter. Die Erwachsenen können mit ihren Gebeten den Kindern ein Beispiel geben. Sie sollten dabei jedoch darauf achten, dass sie ihre Gebete selbst kindgerecht formulieren, damit die Kinder sie verstehen und auf diese Weise nachahmen können.

Grundregel

Beim Gebet mit Kindern gilt ganz grundsätzlich: Beten ist immer freiwillig! Kein Kind soll zum Gebet gezwungen werden oder sich genötigt fühlen, etwas laut zu sagen!

Gebet in Gemeinschaft

In Gemeinschaft mit anderen zu beten ist wichtig, weil Gott uns verheißt: *„Denn wo zwei oder drei Menschen in meinem Namen zusammenkommen, da bin ich selbst in der Mitte"* (Mt 18,20)! Hinzu kommt, dass in der Gemeinschaft meist laut gebetet wird. Dabei kann man sich mehr auf das Gebet konzentrieren, da die Gedanken nicht so leicht abschweifen, als wenn man in der Stille betet. Das laute Beten ist aber auch gut, weil alles, was man ausspricht, realer ist als das, was nur in Gedanken bleibt.

Popcorngebet

Das ist ein Gebet, bei dem viele ganz kurz etwas sagen (vielleicht sogar nur ein Wort) - so wie Mais, der zu Popcorn wird, nur ganz kurz „plopp" macht. Der Vorteil dieser Methode ist, dass vielleicht auch die Kinder etwas laut sagen, die sich noch nicht trauen, ganze Sätze im Gebet laut zu formulieren.

Beispiele

- „Gott, wir danken dir für ...“ - und jeder sagt ein Wort, wofür er Gott dankbar ist.
- „Gott, es gibt so viele Menschen in unseren Familien, bei unseren Freunden und Bekannten, die dich noch nicht kennen. Deshalb beten wir, dass sie dich kennenlernen. Wir beten für ...“ - und jeder sagt einen Namen.
- „Gott, es tut mir leid, dass ...“ - und jeder sagt, was ihm leid tut.

Stupsgebet

Bei diesem Gebet sitzen alle im Kreis. Es wird reihum gebetet. Wer fertig ist, stupst seinen Nachbarn an und macht damit deutlich, dass dieser jetzt an der Reihe ist. Wer nicht beten möchte oder lieber leise betet, stupst einfach an, ohne etwas zu sagen. Diese Option muss immer deutlich gesagt werden! Das Hilfreiche dieser Methode ist, dass es eine feste Reihenfolge gibt. Die Reihenfolge gibt Sicherheit, weil das Kind sich darauf einstellen kann, wann es dran ist. Und scheinbar peinliche Momente, wenn zwei Kinder gleichzeitig anfangen zu beten, werden so vermieden.
Alternativ zum Anstupsen können sich die Kinder während des Gebets auch an den Händen halten. Anstatt den Nachbar anzustupsen, wird einfach die Hand des Nachbarn gedrückt. Diese Methode hat aber den Nachteil, dass das Drücken kein so eindeutiges Signal ist wie das Anstupsen. Außerdem ist es manchen Kindern unangenehm, die Hand des Nachbarn längere Zeit zu halten.

Bienenkörbchengebet

Hier teilt sich die große Gruppe in mehrere kleine Grüppchen auf. Jede Gruppe betet für sich. Innerhalb der Gruppe betet immer nur ein Kind, aber durch die verschiedenen Gruppen, die gleichzeitig beten, entsteht ein allgemeines „Gemurmel“ im Raum. Bei dieser Methode haben in kurzer Zeit viele Kinder die Möglichkeit, laut zu beten. Außerdem trauen die Kinder sich oft in kleineren Gruppen eher laut zu beten als in der großen Runde, wobei das ständige „Gemurmel“ zusätzliche Sicherheit geben kann. Wichtig ist, dass sich die Erwachsenen gut auf die Gruppen aufteilen und vorher deutlich ausmachen, wer die Gebetsrunde für alle abschließt.

Bengalisch beten

Beim „Bengalischen Gebet“ beten alle gleichzeitig laut. Es entsteht also ein riesiges Stimmendurcheinander und es versteht eigentlich niemand mehr, was der Einzelne sagt. Mit dieser Methode können die Kinder das laute Beten einüben, ohne dass ihnen jemand dabei zuhört. *Vorsicht:* Diese Methode sollte nicht in Gruppen angewendet werden, die sich nicht gut kennen oder in denen nur Kinder sind, die sich nicht trauen laut zu beten. Sonst besteht die Gefahr einer komischen Stille, in der sich überhaupt niemand mehr traut, mit seinem Gebet zu beginnen.

Stilles Gebet

Das stille Gebet eignet sich gut für Gruppen, in denen sich die Kinder (noch) nicht trauen, laut zu beten. Beim stillen Gebet betet ein Erwachsener und lässt in seinem Gebet eine Pause, in der die Kinder in Gedanken ihr eigenes Gebet für sich formulieren können. Dabei ist es gut, wenn der Erwachsene durch seine Einleitung eine Idee gibt, was die Kinder im Stillen beten können. Er schließt das stille Gebet auch ab.

Beispiele

- „Lieber Vater im Himmel, wir danken dir, dass du uns ganz genau kennst. Du weißt, was wir denken und fühlen. Danke, dass du uns lieb hast und du uns unsere Schuld vergeben willst. Du kennst alle unsere Schuld und hörst jetzt zu, wenn wir sie dir in Gedanken sagen und um Vergebung bitten ... (Pause) ... Danke, Gott, für die Vergebung. Danke, dass alles, was wir dir gerade gesagt haben, jetzt vergeben ist und uns nicht mehr belasten muss. Amen."
- „Gott, du bist groß und mächtig, du hast die ganze Welt wunderschön geschaffen und tust viel Gutes in unserem Leben. Wir haben viel Grund uns zu freuen und deshalb wollen wir dir sagen, was uns freut und wofür wir dir dankbar sind. Danke, dass du hörst, was jeder in Gedanken jetzt zu dir sagt ... (Pause) ... Und wir danken dir auch für die Jungscharstunde heute, danke für alle, die da sind. Bitte schenke uns heute noch viel Spaß zusammen. Amen."

Erwachsene beten für die (Anliegen der) Kinder

Für die Kinder ist es etwas Besonderes, wenn sich Erwachsene Zeit nehmen, um konkret für die (Anliegen der) Kinder zu beten. Hier wird für das Kind klar: Gebet ist wichtig für den anderen und ich bin ihm wichtig. Dies kann in der gesamten Gruppe geschehen, indem die Mitarbeitenden fragen, welche Anliegen es gibt, und dann für diese Anliegen beten. Wichtig ist, dabei dann keines der Anliegen zu vergessen. Dazu sollten die Anliegen der Kinder mitgeschrieben werden. Aber auch das persönliche Gebet - z. B. an Stationen, an denen die Kinder Steine ablegen können, sich segnen lassen ..., oder in direkten Gesprächen - kann diesen Gedanken umsetzen.

Thematische Gebetsrunden

Durch gezielte thematische Gebetsrunden (Dankrunde, Bittrunde, Lob- und Anbetungsrunde ...) kann man erreichen, dass die Kinder viele unterschiedliche Inhalte des Gebets kennenlernen und so das Beten nicht automatisch mit der uns Menschen am naheliegendsten Form, dem Bitten, gleichgesetzt wird. Diese thematischen Gebetsrunden können natürlich mit anderen Methoden kombiniert werden.

Gebet für einen Missionar

Eine spezielle Form der Fürbitte ist das kontinuierliche Gebet für einen Missionar. Die Kinder lernen hier, wie man für Menschen beten kann, die man vielleicht gar nicht persönlich kennt. Damit kann den Kindern gleichzeitig auch das Thema Mission nahegebracht werden. Mit den Kindern sollte dazu gemeinsam ein Missionar oder eine Missionarsfamilie (die vielleicht sogar Kinder in ähnlichem Alter hat) ausgesucht werden, für den oder die dann regelmäßig gebetet wird. Hilfreich ist es, wenn man einen Rundbrief o. Ä. als Informationsquelle hat und so die Kinder auch für ganz konkrete Dinge bitten und danken könnten.

Vorformulierte, bekannte Gebete

Kinder brauchen Rituale. Rituale geben ihnen Sicherheit in einer Welt, in der sich alles ständig ändert. Deshalb empfiehlt es sich auch, ein festes „Gebetsritual" in der Kinder- oder Jungscharstunde bzw. in der Familie zu haben, z. B. immer am Anfang oder am Schluss zu beten, vor dem Essen, vor dem Zubettgehen ...
Beim gemeinsamen lauten Beten sollte die Stimme des Erwachsenen die Gruppe durch das Gebet führen. Das bedeutet, dass er laut und deutlich und in einem guten Rhythmus sprechen muss, damit sich die Kinder an ihn „anhängen" können.
Vorformulierte Gebete und bekannte Gebete können für Kinder eine Hilfe sein, um selbst beten zu lernen. Sie sehen in diesen Gebeten, für was man alles beten kann und welche Worte und Bilder sie dazu gebrauchen können. Dazu sollten wir den Kindern verschiedene feststehende Gebete (Vaterunser, Psalmgebete, Tischgebete ...) anbieten und sie mit ihnen gemeinsam auswendig lernen. Wenn man ihnen dabei die Herkunft und die Bedeutung des Gebets erklärt, können die Kinder sich noch besser hineinversetzen (siehe Kapitel 7).
Nicht zuletzt sind diese Gebete dann auch etwas, woran man sich in Krisenzeiten klammern kann, wenn uns eigene Worte zum Beten fehlen. Dann bleibt uns das erhalten, was wir auswendig können. Besonders schön wird das mit dem englischen Wort für „auswendig lernen" ausgedrückt: „to learn by heart". Was Kinder auswendig können, ist in ihrem Herzen!

Lieder als Gebet

Auch Lieder können ein Gebet sein. Wir können den Kindern erklären, dass man auch zu Gott singen und ihn mit den Liedern loben kann, die Gutes über ihn sagen. Es gibt auch Lieder, mit denen wir Gott danken oder ihn um etwas bitten. Um den Kindern das immer wieder bewusst zu machen, kann man vor einem Lied sagen, dass dieses Lied jetzt als Gebet gesungen werden kann. Wer möchte, kann das Lied mit einem „Amen" abschließen.
Außerdem kann man zu einem Lied frei tanzen oder einen Anbetungstanz einüben und auf diese Weise Gott anbeten, so wie es Mirjam in ihrem Loblied tat.

Gebetspartnerschaften

Immer zwei Kinder finden sich als Gebetspartner zusammen. Sie suchen sich einen Platz im Gruppenraum und tauschen sich kurz über ihre Gebetsanliegen aus. Dann beten sie füreinander. Ein Mitarbeitender schließt die Partnergebete mit einem lauten gemeinsamen Gebet ab. *Vorsicht:* Diese Methode sollte nur in Gruppen gewählt werden, in denen sich die Kinder gut kennen und sich trauen, offen über ihre Anliegen zu reden.

Stille zum Hören auf Gott

Beten ist nicht nur Reden mit Gott oder Jesus, sondern auch Hören auf ihn. Deshalb kann man den Kindern nach der Verkündigung, im Rahmen eines Abschlussgebetes, einfach noch eine Zeit der Stille geben. So können sie auf das hören, was Gott ihnen ganz persönlich sagen möchte. Da wir in einer sehr lauten Gesellschaft leben, kann es Übung erfordern, bis die Kinder die Stille wirklich ertragen, die Zeit leise aushalten und für sich nutzen können, ohne in Gedanken abzuschweifen. Der einleitende Satz könnte lauten: „Danke, Gott, dass wir dir alles sagen können, und danke, dass du uns auch etwas zu sagen hast, weil du ein lebendiger Gott bist. Bitte schenke, dass jedes Kind jetzt hört, was du ihm oder ihr ganz persönlich sagen möchtest ..."

Das Lachen-und-Weinen-Gebet

Jedes Kind nennt beim Gebet eine Sache, die es fröhlich macht und über die es sich freut, und eine Sache, die es traurig macht.

Beispiele

- „Gott, ich freue mich über das schöne Wetter und bin traurig, weil ich heute eine schlechte Note in Mathe bekommen habe."
- „Gott, ich bin traurig, weil meine Freundin weggezogen ist, aber ich freue mich, dass ich heute Nachmittag etwas mit Lisa gemacht habe!"

Fürbitte-Gebetskörbchen

Jedes Kind kann ein Gebetsanliegen und - wenn es möchte - auch seinen Namen auf einen Zettel schreiben. Dann werden alle Zettel in einem Körbchen eingesammelt. Die Zettel werden vermischt und dann wieder ausgeteilt. Jetzt darf jedes Kind für das Anliegen auf seinem Zettel beten. Kinder, die nicht beten möchten, können den Zettel einfach vorlesen. Diese Methode kann mit anderen Methoden kombiniert werden, z. B. mit dem Stupsgebet.

Das Gebet mit Bewegungen unterstreichen

Manche Gebete, zum Beispiel das Vaterunser, sind dazu geeignet, Bewegungen zu dem Gebet zu machen. Diese Bewegungen sollen den Inhalt des Gebetes unterstreichen und dem Bewegungsdrang der Kinder entgegenkommen.

Beispiel Vaterunser

Vater unser im Himmel, geheiligt werde dein Name.
(Wir strecken die Hände zum Himmel.)

Dein Reich komme.
(Wir beschreiben mit den Händen einen Bogen.)

Dein Wille geschehe wie im Himmel
(Wir zeigen mit der rechten Hand nach oben.)

so auf Erden.
(Wir zeigen mit der linken Hand nach unten.)

Unser täglich Brot gib uns heute.
(Mit den Händen eine Schale bilden.)

Und vergib uns unsere Schuld,
(Wir neigen den Kopf und kreuzen die Hände vor der Brust.)

wie auch wir vergeben unseren Schuldigern.
(Wir reichen dem Nachbarn die Hand.)

Und führe uns nicht in Versuchung,
(Abwehrhaltung mit den Händen in Brusthöhe)

sondern erlöse uns von dem Bösen.
(Arme und Kopf hängen lassen)

Denn dein ist das Reich und die Kraft und die
Herrlichkeit in Ewigkeit.
(Wir reichen uns die Hände und erheben sie mehr und mehr zum Himmel.)

Amen.

aus: JUMAT 66, **BORN**-VERLAG, www.jumat.de

6. Das „Übergabegebet“

Das Übergabegebet ist eine besondere Form des Betens mit Kindern. Es ist die Antwort eines Kindes auf die Frage: „Willst du ein Freund von Gott und Jesus sein?“ Mit dem Übergabegebet übergibt ein Kind sein Leben in Gottes Fürsorge. Es beginnt eine Freundschaft mit Jesus und somit ein neues, ewiges Leben.

Immer wieder erlebt man Kinder, die zum zweiten oder dritten Mal ein solches Übergabegebet sprechen wollen. Es ist aber völlig ausreichend, wenn man es ein einziges Mal tut (getan hat): Gott vergisst das nicht und wenn wir einmal zu ihm gehören, dann kann uns nichts und niemand mehr aus seiner Hand reißen:

- *„Und nun spricht der Herr, der dich geschaffen hat, Jakob, und dich gemacht hat, Israel: Fürchte dich nicht, denn ich habe dich erlöst; ich habe dich bei deinem Namen gerufen; du bist mein“* (Jes 43,1; Luther)!
- *„Ich bin zutiefst überzeugt: Nichts kann uns von der Liebe Gottes trennen - nicht der Tod und auch nicht das Leben, keine Engel und keine unsichtbaren Mächte. Nichts Gegenwärtiges und nichts Zukünftiges und auch keine andere gottfeindliche Kraft“* (Röm 8,38).

Das sollte man den Kindern dann auch so erklären. Wenn es für ein Kind wichtig ist, diesen Schritt ein zweites Mal zu gehen, ist dies natürlich nicht verboten.

Vielen Mitarbeitenden fällt es schwer, Kinder zu einem solchen Übergabegebet aufzurufen. Das kann zum einen daran liegen, dass sie vielleicht selbst schlechte Erfahrungen mit einem „Aufruf zum Übergabegebet“ gemacht haben; entweder weil sie sich zu stark zu dieser Entscheidung gedrängt gefühlt haben oder weil sie das Gefühl haben, in ihrer Entscheidung durch die Angst vor der Hölle manipuliert worden zu sein. Diese negativen Erfahrungen sollten aber nicht das eigene Handeln beeinflussen und somit den Kindern die Möglichkeit zu einer Entscheidung vorenthalten. Zum anderen kann es auch daran liegen, dass sie einfach nicht wissen, wie sie Kinder zu einer Entscheidung für ein Leben mit Jesus aufrufen sollen, und deshalb Angst haben, etwas falsch zu machen oder die Kinder zu sehr zu drängen.

Grundsätzlich kann man davon ausgehen, dass es der Wunsch und das Ziel aller Mitarbeitenden - und auch Eltern - ist - oder zumindest sein sollte -, dass die Kinder ihr Leben Gott übergeben und ein Leben mit Jesus als ihrem besten Freund leben. In der Verkündigung erzählen wir immer wieder auf kreative Weise davon, wie toll es ist mit Gott zu leben. Deshalb sollte die Begleitung dieses Schritts der Kinder in ein solches Leben nicht etwas sein, vor dem man sich scheut oder Angst hat, sondern vielmehr etwas, worauf man sich freut.

6. Das „Übergabegebet"

Es ist wirklich immer wieder etwas sehr Besonderes und ein großes Genschenk Gottes, wenn man miterleben darf, wie ein Kind diese Entscheidung trifft und sein Leben in Gottes Hand gibt.

Ein besonders eindrückliches Erlebnis gab es für mich bei einer meiner Kinderwochen. Ein Junge war mir von Anfang an aufgefallen, da er besonders begeistert mitgemacht hat. Von den Mitarbeitenden vor Ort wusste ich, dass er aus schwierigen familiären Verhältnissen kam. Sein Vater saß im Gefängnis und die Mutter hatte keinen Bezug zur Gemeinde. Vor der Kinderwoche ging der Junge auch in keine regelmäßige Kinder- oder Jungschargruppe der Gemeinde. Als ich an einem Tag die Geschichte von Paulus und Silas im Gefängnis erzählte, habe ich gemerkt, wie der Junge besonders aufmerksam zuhörte. Als ich anschließend zu einer Freundschaft mit Jesus einlud, wollte der Junge dieses Angebot annehmen. Er kam auf mich zu, während die anderen das Programm fortsetzten. Ich sprach mit ihm und ermutigte ihn, selbst ein Gebet zu formulieren. Sein Gebet war sehr kurz, aber es hat mich so sehr berührt, dass ich eine Gänsehaut bekam. Er betete: „Danke, Jesus, dass du ab heute mein Freund sein willst, vor allem weil ich nicht so viele Freunde habe!"

Niemand kann machen, dass ein Kind die Entscheidung für ein Leben mit Gott trifft und bereit ist, ihm sein Leben zu übergeben. Das schenkt nur Gott allein und der Mitarbeitende oder die Familie ist in diesem Fall ein Werkzeug Gottes. Deshalb braucht sich auch niemand Sorgen zu machen, in dieser Situation etwas falsch zu machen. Wenn man sich von Gott gebrauchen lässt, wird Gott einen leiten, wie er es in Psalm 32,8 (Luther) verspricht: *„Ich will dich mit meinen Augen leiten."*

Wichtig ist: Ein Aufruf zur Entscheidung für Gott ist immer eine Einladung. Eine Einladung ist ein Angebot, das das Kind annehmen und auch ablehnen kann. Kein Kind soll sich aufgrund einer Stimmung, einem anderen Menschen zuliebe oder weil es alle anderen auch machen gezwungen fühlen, diese Einladung anzunehmen.

Die Einladung zu einer Entscheidung für ein Leben mit Gott und Jesus als besten Freund bietet sich immer dann an, wenn eine Verkündigung vorausgegangen ist, die diese Einladung vorbereitet hat. Beispiele:
- Elia und die Baalspriester auf dem Berg Karmel (1. Könige 18)
- Der Fischzug des Petrus (Lukas 5,1-11)
- Jesus und Nikodemus (Johannes 3)
- Der verlorene Sohn (Lukas 15,11-32)
- Heilung eines Blinden bei Jericho (Lukas 18,35-43)
- Jesus und Zachäus (Lukas 19,1-10)
- Die Bekehrung des Saulus (Apostelgeschichte 9,1-19)

- Paulus und Silas im Gefängnis (Apostelgeschichte 16,23.40)
- und viele weitere Berufungs- und Heilungsgeschichten

Es ist gut, auf die Geschichte/ Verkündigung Bezug zu nehmen und zu sagen:
- Wenn du auch wie ... auf Gott vertrauen willst, dann ...
- Wenn du wie ... gemerkt hast, dass ... und auch ... willst ...

Zwei Möglichkeiten, die Einladung an die Kinder auszusprechen

Die Kinder können die Entscheidung für sich allein im Stillen treffen
Man gibt durch eine Pause in seinem Gebet (nach der Verkündigung) den Kindern die Chance, Gott selbst eine Antwort auf die Frage „Willst du mein Freund sein?“ zu geben. Als Methode eignet sich gut das Stille Gebet (siehe Seite 41). Man muss den Kindern gezielt erklären, worum es hier bei der Pause im Gebet geht - nicht nur um die eigenen Anliegen, sondern konkret um die Antwort des Kindes auf die Frage „Willst du mein Freund sein?“. Zur Erklärung gehört auch, dass jedes Kind selbst entscheiden darf, was es antwortet. Beispiele:
- Lieber Vater im Himmel, danke für die Geschichte von Zachäus; danke, dass du unser Freund sein willst, auch wenn wir viele Dinge getan haben, die nicht richtig waren. Danke, dass du jedem anbietest dein Freund zu werden. Du hörst, was dir jedes Kind jetzt in Gedanken sagt ... (Pause) ... Danke, dass du uns alle gehört hast. Danke, dass du uns vergibst und uns unendlich lieb hast. Amen.
- Gott, danke, dass du uns wunderbar gemacht hast und uns so liebst, wie wir sind. Danke, dass du deinen Sohn Jesus für jeden einzelnen von uns am Kreuz hast sterben lassen, weil du dir eine Freundschaft mit uns wünschst. Und danke, dass du uns die Freiheit gibst, selbst zu entscheiden, ob wir dein Freundschaftsangebot annehmen möchten oder nicht. Danke, dass du jetzt hörst, was wir dir ganz leise in unseren Gedanken sagen ... (Pause) ... Danke für deine Treue und dass du immer da bist. Amen.

Man kann den Kindern anbieten, dass sie im Anschluss an die Gruppenstunde noch bleiben und den Mitarbeitenden erzählen, wenn sie eine Freundschaft mit Jesus begonnen haben. Die Mitarbeitenden können sich dann mit den Kindern freuen, sie im Gebet begleiten und ihnen evtl. Hilfen für ein Leben mit Jesus geben (zum Beispiel Bibellesehilfe für Kinder ...). Allerdings muss dieses Angebot so gestaltet werden, dass keine Wertung entsteht zwischen den Kindern, die bleiben, und den Kindern, die nicht bleiben. Vorteile:
- Die Entscheidung kann ohne großen Aufwand in jede Gruppenstunde integriert werden.
- Es werden keine zusätzlichen Mitarbeitenden für Gespräche mit Kindern gebraucht.
- Es entsteht keine Situation, die Druck auf die Kinder ausübt.
- Das Kind hat die Möglichkeit, bei seiner Entscheidung anonym zu bleiben.

Die Kinder können die Entscheidung mit einem Mitarbeitenden gemeinsam treffen
Hier gibt man den Kindern die Möglichkeit, nach der Verkündigung und einem Abschlussgebet mit allen Kinder, die Gottes Frage mit „Ja“ beantwortet haben, gemeinsam noch zu bleiben, während die anderen Kinder schon mit den Spielen oder einem anderen Programmpunkt beginnen. Man bietet den Kindern an, noch Fragen zu Gottes Einladung zu einem Leben mit Jesus stellen zu können. Anschließend beten die Kinder und Erwachsenen gemeinsam ein Übergabegebet. Hier muss jedes Kind die Möglichkeit haben, vor dem gemeinsamen Gebet den Raum zu verlassen, wenn ihm durch die Fragen klar geworden ist, dass seine Antwort (noch) „Nein!“ ist. Je nach Gruppe kann es statt des gemeinsamen Gesprächs und Gebets sinnvoller sein, dass pro Kind ein Mitarbeitender für ein persönliches Gespräch und Gebet zur Verfügung steht. Vorteile:

- Das Kind bekennt sich öffentlich zu seiner Entscheidung und spricht sie laut aus, was vermutlich ein sehr bedeutender/einprägsamer Schritt für das Kind selbst ist. Durch das laute Aussprechen wird die Entscheidung noch realer.
- Dem Kind ist dieser Schritt so wichtig/ernst, dass es sogar auf die anderen Programmpunkte verzichtet.
- Man kann auf das Kind (und seine Fragen) individuell eingehen.
- Es gibt einen Zeugen für die Entscheidung, der das Kind weiterhin ermutigen und (im Gebet) begleiten kann.

Wichtige Hinweise für ein Übergabegespräch/-gebet mit Kindern

- Speziell für Mitarbeitende ist wichtig: Der Mitarbeitende sollte nie allein mit einem Kind in einem Raum sein und den Ort immer so wählen, dass andere (Mitarbeitende) in Sichtkontakt sind. Dies dient als Sicherheit für die Mitarbeitenden, da sie sich so vor einem Missbrauchsvorwurf schützen können. Außerdem nimmt es auch das beklemmende Gefühl für das Kind.
- Der Erwachsene sollte wirklich Zeit für das Gespräch haben.
- Am Anfang sollte der Erwachsene unbedingt nachfragen, warum das Kind da ist. Will es wirklich eine Entscheidung für ein Leben mit Gott treffen oder hat es ein anderes Anliegen?
- Durch gezieltes Fragen (offene W-Fragen, also keine Fragen, die das Kind nur mit „Ja“ oder „Nein“ beantworten kann) kann der Erwachsene herausfinden, ob das Kind verstanden hat, um was es geht und ob es ihm ernst ist. Fragen des Kindes sollten ausführlich beantwortet werden.
- Der Erwachsene sollte Fragen des Kindes authentisch beantworten können. Es geht nicht nur um Wissensvermittlung, damit das Kind weiß, für was es sich entscheidet (wobei die Vorbereitung darauf auch nicht zu unterschätzen ist!). Es geht vielmehr auch darum, Fragen als Vorbild im Glauben beantworten zu können und dem Kind deutlich zu machen, welche Auswirkungen der Glaube auf das eigene Leben hat.

- Der Erwachsene sollte das Kind fragen, ob es schon einmal diese Entscheidung getroffen hat. Wenn ja, dann ist das ausreichend und es muss die Entscheidung nicht noch einmal treffen. In diesem Fall kann man dem Kind anbieten, es zu segnen.
- Der Erwachsene kann dem Kind erklären, was es jetzt beten kann, und dann das Kind ermutigen, in diesem Sinne selbst ein Gebet zu formulieren. Es muss nicht lang und allumfassend sein; wichtig ist, dass das Anliegen des Kindes deutlich wird: Gott sieht das Herz an (vgl. 1. Sam 16,7b).
- Nach dem Übergabegebet kann der Erwachsene für das Kind beten und/oder es segnen. Er kann ihm zusagen, dass gemachte Fehler vergeben sind.
- Zum Schluss kann man dem Kind einen Vers, eine Karte oder eine Urkunde zur Erinnerung mitgeben. Auf dem Kärtchen oder der Urkunde kann zum Beispiel auch das Datum und die Unterschrift des Kindes festgehalten werden. *Beispiel 1:* „Ich bin ab heute ein Kind Gottes!", dazu ein Bibelvers wie: „Freut euch, dass eure Namen im Himmel aufgeschrieben sind!" (Lk 10,20). *Beispiel 2:* „Ich bin ab heute ein Freund von Jesus!", dazu ein Bibelvers wie: „Jesus spricht: Ich bin der Weg und die Wahrheit und das Leben. Niemand kommt zum Vater denn durch mich!" (Joh 14,6). Der Erwachsene sollte das Kind ermutigen, anderen von seiner Entscheidung zu erzählen.
- Der Erwachsene sollte das Kind auch fragen, ob es Hilfe für den Alltag möchte, zum Beispiel eine eigene Bibel, eine Bibellesehilfe für Kinder oder Ähnliches. Wichtig ist, dass man dem Kind bei der nächsten Begegnung diese Hilfen dann auch mitbringt.
- Die konkrete Hilfe besteht auch darin, immer wieder nachzufragen, wie das Leben mit Gott im Alltag gelingt - allerdings ohne Druck aufzubauen. Für die Kinder ist es jedoch wichtig, angeleitet zu werden.

Übergabegebete für Kinder

Danke, Gott, dass du mich liebst.
Danke, dass du immer da bist und mein Freund sein möchtest.
Ich möchte ab heute auch dein Freund / deine Freundin sein!
Ich möchte dir jetzt immer vertrauen!
Ich bin froh, dass du mir alle meine Schuld vergibst.
Bitte hilf mir so zu leben, wie es dir gefällt! Amen.

Jesus, ich danke dir, dass du mein Freund sein möchtest.
Danke, dass du für meine Schuld am Kreuz gestorben bist.
Danke, dass du mich so liebst, wie ich bin, und dass du immer bei mir bist.
Ich möchte jetzt dein Freund / deine Freundin sein und auf dich und dein Wort hören.
Bitte hilf mir dabei! Amen.

6. Das „Übergabegebet“

Lieber Gott,
bis jetzt habe ich ohne dich gelebt
und nur das gemacht, was ich wollte. Vieles davon war falsch.
Bitte vergib mir das alles.
Ab heute möchte ich dir vertrauen und das tun, was du sagst.
Mit deiner Hilfe kann ich das schaffen! Amen.

Danke, Jesus, dass du mein Freund sein möchtest.
Ich möchte auch dein Freund / deine Freundin sein, für immer.
Danke, dass du mich liebst und bei mir bist, wenn ich Angst habe.
Danke, dass du mir alles gibst, was ich brauche.
Danke, dass ich dir alles sagen kann.
Danke auch für dein Wort, die Bibel,
und dass du am Kreuz für mich gestorben bist,
damit gut ist, was ich falsch gemacht habe. Amen.

Danke, lieber Gott, dass du mich so sehr liebst,
dass du sogar Jesus für meine Schuld ans Kreuz geschickt hast.
Danke, dass ich ab heute dein Freund / deine Freundin sein darf
und du mir alle Fehler in meinem Leben vergibst.
Danke, dass du immer da bist und mir so viel Gutes schenkst.
Bitte hilf mir dabei, dich nie zu vergessen und dir immer zu vertrauen! Amen.

7. Kindern Gebete der Bibel erklären

Das Vaterunser und der Psalm 23 sind die bekanntesten Gebete aus der Bibel. Sie beinhalten komprimiert viele wichtige biblische Wahrheiten. Es ist daher sehr sinnvoll, mit Kindern diese Gebete aus der Bibel einmal genauer anzuschauen - nicht für das Gebet an sich, sondern vor allem für die Verbindung des Gebets mit dem Leben der Kinder.
Eine Möglichkeit ist, jede Zeile oder jeden Vers des Gebets einzeln zu beleuchten. So kann man mit den Kindern gemeinsam erarbeiten, welche Inhalte und Bedeutungen darin stecken und was es mit ihrem Leben zu tun hat. Dafür kann sogar eine komplette Gruppenstunde zu einer Zeile oder einem Vers gestaltet werden. Dadurch werden den Kindern die Inhalte der Gebete, die sie auswendig beten, verständlicher und die Gebete werden nicht einfach nur gedankenlos „heruntergebetet". Schön ist es, wenn diese Reihe dann auch durch ein fortlaufendes Element verbunden wird. Dies kann zum Beispiel zu jeder Zeile oder jedem Vers ein (gemeinsames) Bild sein, das im Gruppenraum aufgehängt wird.

7.1 Vaterunser

Ein möglicher Aufhänger, um das „Vaterunser" genauer zu beleuchten, kann dieser Text sein. Am besten liest man in verteilten Rollen die kursiven und nicht kursiven Texte.

Unterbrich mich nicht, Herr, ich bete!

„Vater unser im Himmel ..."

„Ja?"

„Unterbrich mich nicht! Ich bete!"

„Aber du hast mich doch angesprochen!"

„Ich, dich angesprochen? Äh ...Nein, eigentlich nicht. Das beten wir eben so: Vater unser im Himmel."

„Da, schon wieder! Du rufst mich an, um mit mir ein Gespräch zu beginnen, oder? Also, worum geht es?"

„... geheiligt werde dein Name ..."

„Meinst du das Ernst?"

„Was soll ich ernst meinen?"

„Ob du meinen Namen wirklich heiligen willst. Was bedeutet das denn?"

„Es bedeutet ... es bedeutet ... meine Güte, ich weiß nicht, was es bedeutet! Woher soll ich das wissen?"

„Es heißt, dass du mich ehren willst, dass ich dir einzigartig wichtig bin, dass dir mein Name wertvoll ist."

„Aha, hm. Ja, das verstehe ich. Dein Reich komme, dein Wille geschehe wie im Himmel so auf Erden ..."

„Tust du was dafür?"

„Dass dein Wille geschieht? Natürlich! Ich gehe regelmäßig in den Gottesdienst, ich zahle Gemeindebeitrag und Missionsopfer!"

„Ich will aber mehr: dass dein Leben in Ordnung kommt, dass deine Angewohnheiten, mit denen du anderen auf die Nerven gehst, verschwinden, dass du von anderen her und für andere denken lernst; dass allen Menschen geholfen wird und sie zur Erkenntnis der Wahrheit kommen - auch deine Klassenkameraden und dein Lehrer. Ich will, dass Kranke geheilt, Trauernde getröstet und Gefangene befreit werden; denn alles, was du diesen Leuten tust, tust du doch für mich."

„Warum hältst du das ausgerechnet mir vor?! Was meinst du, wie viele stinkreiche Heuchler in der Kirche sitzen? Schau dir die doch an!"

„Entschuldige, ich dachte, du betest wirklich darum, dass mein Wille geschieht und mein Reich gebaut wird. Das fängt nämlich ganz persönlich bei dem an, der darum bittet. Erst wenn du dasselbe willst wie ich, kannst du ein Botschafter für mein Reich sein!"

„Das leuchtet mir ein. Kann ich weiterbeten? Unser tägliches Brot gib uns heute ..."

„Hey, du hast doch schon Übergewicht! Weißt du eigentlich, dass deine Bitte die Verpflichtung beinhaltet, etwas dafür zu tun, dass die Millionen Hungernden dieser Welt ihr tägliches Brot bekommen?"

„... und vergib uns unserer Schuld, wie auch wir vergeben unseren Schuldigern."

„Und Anja?"

„Anja?! Fang doch nicht auch noch mit der an! Du weißt doch, dass sie mich öffentlich blamiert hat, dass sie mir jedes Mal dermaßen arrogant gegenübertritt, dass ich schon wütend bin, bevor die überhaupt den Mund aufmacht, um eine ihrer herablassenden Äußerungen von sich zu geben! Und das weiß die auch, sie nimmt mich überhaupt nicht ernst und tanzt mir auf der Nase rum, diese Tussi...!"

„Ich weiß, ich weiß, aber was ist mit deinem Gebet?"

„Ich hab es nicht so gemeint!"

„Wenigstens bist du ehrlich. Macht dir das eigentlich Spaß, mit so viel Bitterkeit und Abneigung im Bauch rumzulaufen ?"

„Es macht mich krank!"

„Ich will dich heilen, vergib Anja und ich vergebe dir! Dann sind Arroganz und Hass nicht mehr länger dein Problem, sondern Anjas Sünde. Vielleicht verlierst du ein Stück Stolz, ganz bestimmt ein Stück Image, aber es wird dir Frieden ins Herz bringen!"

„Hm, ich weiß nicht, ob ich mich dazu überwinden kann."

„Ich helfe dir dabei."

„... Und führe uns nicht in Versuchung, sondern erlöse uns von dem Bösen ..."

„Nichts lieber als das, meide bitte Personen oder Situationen, durch die du versucht wirst!"

„Wie meinst du das?"

„Du kennst doch deine schwachen Punkte: Unverbindlichkeit, Lästerei, Geld, Jungs ... Gib dem Versucher keine Chance!"

„Ich glaube, dass ist das schwierigste Vaterunser, das ich je gebetet habe. Aber es hat zum ersten Mal etwas mit meinem Leben zu tun!"

„Schön, wir kommen vorwärts. Bete ruhig zu Ende."

„... denn dein ist das Reich und die Kraft und die Herrlichkeit in Ewigkeit, Amen!"

„Weißt du, was ich herrlich finde? Wenn Menschen wie du anfangen, mich ernst zu nehmen, aufrichtig zu beten, mir nachzufolgen und dann das zu tun, was mein Wille ist; wenn sie merken, dass ihr Wirken für das Kommen meines Reiches sie letztlich selbst glücklich macht."

(Quelle: Unbekannt, im Internet zu finden)

Mögliche Fragen, die helfen das Vaterunser zu verstehen:

- Wie ist Gott der Vater?
- Was heißt es Gottes Namen zu heiligen?
- Wo/wie ist das Reich Gottes?

Auch Bewegungen können helfen, die Bedeutung der Worte zu verstehen. Siehe dazu Bewegungen zum Vaterunser auf Seite 44.

Schöne Geschichten für Kinder sind

- „Das ‚Vater unser'-Beten oder was Katzen nicht fressen" aus: „Sieben Jahre ohne Pommes – 45 Bibelgeschichten zum Vorlesen" von Irina Kostic (SCM Kläxbox, Witten / Bibellesebund, Marienheide)
- „Tim entdeckt das Vaterunser" (siehe Seite 93)

7.2 Psalm 23

Einige Möglichkeiten, den Psalm 23 genauer zu betrachten:

- die einzelnen Verse in Standbildern darstellen
- Fotos zu den einzelnen Versen machen, evtl. eine Fotostory aus dem Psalm machen
- den Psalm mit selbst gemalten Bildern darstellen
- den Psalm in die heutige Zeit „übersetzen" bzw. übertragen: durch moderne Sprache oder einen anderen bildlichen Vergleich
- den Psalm als Theaterstück spielen oder einen Film daraus machen
- andere Geschichten aus der Bibel suchen, die Aussagen des Psalms deutlich machen
- einen Besuch bei einem Hirten machen: Wie sorgt er für seine Schafe?
- den Psalm mit Geräuschen/Instrumenten untermalen
- gemeinsam Bewegungen zum Psalm überlegen
- Eine schöne Geschichte für Kinder ist „Vom Herrn, der mein Hirte ist oder lieber Elefant als Schäflein" aus: „Sieben Jahre ohne Pommes – 45 Bibelgeschichten zum Vorlesen" von Irina Kostic (SCM Kläxbox, Witten / Bibellesebund, Marienheide)

8. Kreativ mit Kindern beten

Da Kinder einen großen Bewegungsdrang haben, bietet es sich an, auch beim Gebet die Möglichkeit des Handelns und der Bewegung einzubeziehen und es nicht nur auf das Hören und Reden zu begrenzen. Außerdem sind Dinge, bei denen die Kinder selbst aktiv werden, für sie viel eindrücklicher und nachhaltiger, als wenn sie nur passiv zuhören. Die hier aufgeführten Methoden und Ideen sind zur direkten Umsetzung gedacht, sollen aber auch dazu ermutigen und motivieren, eigene Ideen zu entwickeln, wie man mit Kindern gemeinsam beten kann.

8.1 Gebete sichtbar machen

Ein Gebet zu Gott in den Himmel schicken

Eine etwas aufwendigere, aber sehr schöne Möglichkeit ist es, Kindergebete zu Gott in den Himmel zu schicken. Dafür kann jedes Kind sein persönliches Bitt- oder Dankgebet auf einen Zettel schreiben. Kinder, die noch nicht schreiben können, können ihr Gebet auch als Bild zum Ausdruck bringen. Die Zettel werden an einem mit Helium gefüllten Luftballon befestigt. Bei einem gemeinsamen Luftballonstart können die Gebete losfliegen. Vor oder während des Luftballonstarts kann gemeinsam das Lied „Hast du Gott schon mal 'nen Wunsch gesagt?“ gesungen werden.

Einen Brief an Gott schreiben

Als gute Abwechslung zum Sprechen von Gebeten können die Kinder auch Gott einen Brief schreiben. Sie können in diesen Brief alles hineinschreiben, was sie Gott schon lange einmal sagen wollten. Den Brief dürfen die Kinder anschließend entweder mit nach Hause nehmen oder in einen Briefkasten „Briefe an Gott“ werfen. Allerdings sollte niemand diese Briefe lesen, da sie etwas Persönliches zwischen den Kindern und Gott sind. Für die Kinder, die sich mit dem freien Schreiben schwertun, kann man auch Satzanfänge vorgeben, die die Kinder dann vervollständigen. Beispiele:

- Lieber Gott, ich bin gerade glücklich/traurig, weil ...
- Lieber Gott, ich danke dir für ...
- Lieber Gott, ich wünsche mir so sehr, dass ...
- Lieber Gott, es tut mir leid, dass ...
- Lieber Gott, ich finde dich toll, weil ...
- Lieber Gott, ich wollte dir schon immer einmal sagen, dass ...
- Lieber Gott, ich verstehe nicht, dass ...

Kinder, die noch nicht schreiben können, können ihr Gebet auch als Bild zum Ausdruck bringen.

Gebets-Alphabet

Das Gebets-Alphabet eignet sich als Gruppenarbeit. Dafür teilt man die Kinder in kleine Gruppen ein (2-4 Kinder). Jede Gruppe erhält ein Blatt, auf dem alle Buchstaben des Alphabets untereinander stehen. Die Kinder sollen hinter jeden Buchstaben mindestens eine, gern auch mehrere Anliegen schreiben oder malen, um die man Gott bitten kann. Genauso kann diese Methode auch mit Dankanliegen durchgeführt werden.

In den Kleingruppen wird anschließend gebetet, wobei die gesammelten Anliegen als Ideengeber dienen. Als Methode eignen sich hier besonders gut das Bienenkörbchengebet (siehe Seite 40) oder das Bengalische Gebet (siehe Seite 40).

Danke-Collage

Wir sind reich beschenkt von Gott. Vieles, was Gott uns schenkt, ist für uns selbstverständlich. Um sich einmal bewusst zu machen, was Gott uns alles schenkt und wofür wir ihm dankbar sein können, bietet sich eine Collage an. Dafür schneiden die Kinder aus Zeitschriften, Katalogen und Werbeprospekten alles aus, wofür sie Gott dankbar sind. Diese Dinge werden dann auf ein großes Plakat geklebt mit der Überschrift „Wir danken Gott für ...“. Dinge, die nicht in den Zeitschriften gefunden wurden, können ergänzt werden, indem sie einfach mit bunten Farben dazugeschrieben oder -gemalt werden. Die Bastelaktion kann mit einer gemeinsamen Gebetsrunde abgeschlossen werden, in der die Collage als Grundlage genutzt wird.

Betendes Zeitunglesen

Die Kinder bekommen verschiedene Tageszeitungen der letzten Woche. Daraus sollen sie Meldungen von Unfällen, Naturkatastrophen usw. ausschneiden. Anschließend liest jeder seinen Zeitungsausschnitt der Gruppe vor. Dann kann die Gruppe gemeinsam überlegen, für was man beten kann (zum Beispiel: Trost für die Angehörigen, Aufmerksamkeit und Konzentration für alle, die auf den Straßen unterwegs sind, Hilfe für Menschen, die ihr Zuhause verloren haben ...). Anschließend wird gemeinsam gebetet.

Sorgen auf den Herrn werfen

In 1. Petrus 5,7 fordert Jesus uns auf, unsere Sorgen auf ihn zu werfen. Dies kann man symbolisch tun, indem die Kinder ihre Sorgen auf Steine schreiben oder malen. Auf einem freien Feld werden die Steine dann so weit wie möglich weggeworfen. Vorsicht: Alle Kinder werfen in die gleiche Richtung, damit kein Kind einen Stein abbekommt! Alternativ kann dies auch mit Papierfliegern gemacht werden. Noch eindrücklicher ist es, wenn die Steine in einen Bach, Fluss oder See geworfen werden – so sind die Sorgen auch sichtbar weg.

Sind Steine z. B. für Bilder zu klein, kann auch auf Papier geschrieben/gemalt werden. Das Papier wird dann um die Steine geklebt oder gebunden.

Gott, du bist für mich wie ...

Um Gott zu loben, kann jedes Kind ein Bild malen. Das Bild soll darstellen, was das Kind an Gott besonders gut findet. Die Überschrift ist „Gott, du bist für mich wie ...". Eventuell kann eine Zeile am unteren Bildrand erklären, warum das Kind sich für dieses Bild entschieden hat. Beispiele:

- Gott, du bist für mich wie ein Hirte, weil du immer auf mich aufpasst.
- Gott, du bist für mich wie eine Lampe, weil du Licht in mein Leben bringst.
- Gott, du bist für mich wie ein Schutzschild, weil du mich beschützt.
- Gott, du bist für mich wie ein Navi, weil du den besten Weg für mich weißt.
- Gott, du bist für mich wie eine Medizin, weil du mich gesund machst.

Am besten ist es, wenn man den Kindern nicht zu viele Vorgaben bzw. Beispiele gibt, dann können sie selbst kreativ sein. Die Bilder können für ein anschließendes Gebet genutzt werden - dafür eignen sich besonders gut die Methode Stilles Gebet (siehe Seite 41), Popcorngebet (siehe Seite 39) oder Stupsgebet (siehe Seite 40).

Teelichter anzünden

Gebet gibt uns Orientierung im Leben wie ein Licht in der Dunkelheit. Man kann die Kinder ermutigen, ihre Ängste, Sorgen und Fragen über die Zukunft oder Entscheidungen, vor denen sie gerade stehen, mit Gott zu besprechen. Einleitend dazu kann man einen passenden Bibelvers wie 1. Petrus 5,7 oder Psalm 37,5 vorlesen. Die Kinder können laut oder auch ganz leise in Gedanken für sich beten. Als Zeichen, dass dieses Gebet Licht in ihre Situation bringt, zünden die Kinder nach oder während des Gebets ein Teelicht in einem etwas abgedunkelten Raum an. Nach und nach wird der Raum so heller: ein sichtbares Zeichen für Gottes Gegenwart auch in dunklen Zeiten. Diese Gebetszeit wird mit einem Segenszuspruch für die Kinder beendet.

Klagemauer

In Jerusalem gibt es eine Klagemauer. Die Juden kommen an diese Mauer, um Gott ihr Leid zu klagen. Sie stecken Zettel mit ihren Gebeten in die kleinen Ritzen zwischen den Steinen. Aus Backsteinen kann auch im Gruppenraum oder zu Hause eine kleine Klagemauer aufgebaut werden. Die Kinder können ihre Klagegebete auf kleine Zettel schreiben oder malen und sie dann in die Löcher der Backsteine stecken. Wichtig ist hier, den Kinder zu sagen, dass die Gebete von niemandem gelesen werden. So können sie ganz offen sein.

Schuld im Meer versenken

In Micha 7,19 steht: *„Ja, der Herr wird wieder Erbarmen mit uns haben und unsere Schuld auslöschen. Er wirft unsere Sünden ins tiefste Meer."* Diese Methode eignet sich nur, wenn ein Fluss, ein See oder ein Meer in der Nähe ist. Dann kann man diesen Bibelvers mit den Kindern besprechen und ihnen deutlich machen, was es heißt, wenn unsere Schuld, unsere Fehler im Meer versenkt werden. Von dort kann sie niemand zurückholen, auch man selbst nicht. Was Gott vergibt, ist und bleibt vergeben. Anschließend können die Kinder ihre Schuld und Dinge, die sie belasten, auf einen Zettel schreiben oder malen. Die Zettel werden mit einer Schnur oder einem Gummiband an großen Steinen befestigt. Dann darf jedes Kind mit „seinem" Stein zum Wasser gehen und den Stein mit dem Satz „Gott, bitte vergib mir das!" ins Wasser werfen.

Schuldscheine verbrennen

Zur Zeit des Alten Testaments wurde ein Tier auf dem Altar verbrannt, um Vergebung für Schuld zu bekommen. Durch Jesu Tod am Kreuz ist das heute nicht mehr nötig. Auch Mose verbrannte das goldene Kalb, die Sünde des Volkes Israels. Er berichtet: *„Das Kalb, dieses abscheuliche Zeichen eurer Sünde, das ihr euch angefertigt hattet, schmolz ich ein. Ich zerrieb und zermalmte es zu Staub und streute ihn in den Bach, der vom Berg herabfließt"* (5. Mose 9,21). Symbolisch kann man auch heute noch mit den Kindern Schuld verbrennen als Zeichen dafür, dass von der Schuld, die Gott vergibt, nichts mehr übrig bleibt. Die Kinder schreiben oder malen das, was sie belastet, auf „Schuldscheine". Dann wird ein Feuer gemacht (am besten in einer dafür vorgesehenen Feuerstelle) und die Kinder verbrennen darin ihre Schuldscheine als Zeichen der Vergebung Gottes.

Ein beispielhafter Text für einen Schuldschein: Ich, ..., habe Schuld auf mich geladen, weil ich .... Dafür möchte ich Gott um Vergebung bitten. *Möglicher Bibelvers:* Wenn wir aber unsere Sünden bekennen, so ist er treu und gerecht, daß er uns die Sünden vergibt und reinigt uns von aller Ungerechtigkeit (1. Joh 1,9). *Der Schuldschein wird mit Datum und Unterschrift versehen.*

Schuld im Aktenvernichter zerschreddern

Alternativ zum Verbrennen der Schuldscheine können die Kinder sie auch symbolisch vernichten, indem sie die Scheine in einem Aktenvernichter zerschreddern.

Schuld zerplatzen lassen

Luftballons sind eine weitere Möglichkeit, deutlich zu machen, dass Gott unsere Schuld vergibt. Dinge, die uns von Gott trennen, werden mit Edding auf aufgeblasene Luftballons geschrieben oder gemalt (eine Sache pro Luftballon). Beispiele:

- lügen
- schlecht über andere reden
- gemein sein
- anderen nicht helfen
- jemanden auslachen
- schlagen
- stehlen
- nicht an Gott denken

- abschreiben
- schlecht über andere denken
- nicht auf die Eltern hören

Anschließend lässt man die Luftballons als Zeichen für Gottes Vergebung zerplatzen. Diese Methode eignet sich auch gut als Veranschaulichung innerhalb der Verkündigung.

Smileys

Im Vorfeld werden verschiedene Smileys ausgedruckt oder gezeichnet. Dann werden die Smileys ausgelegt und jedes Kind darf sich ein Smiley aussuchen, das seine aktuelle Gefühlslage beschreibt. Jedes Kind darf zeigen, welches Smiley es gewählt hat, und wenn es möchte, auch sagen warum. Weil sich Gott dafür interessiert, wie es uns geht, darf jedes Kind in einem kurzen Gebet (laut oder leise) Gott sagen, wie es sich gerade fühlt.

Schuld im Klo runterspülen

Jedes Kind darf das, worum es Gott um Vergebung bitten möchte, auf ein Blatt Klopapier schreiben oder malen und Gott dann in einem persönlichen, stillen Gebet (siehe Seite 41) um Vergebung bitten. Anschließend spülen die Kinder als sichtbares Zeichen der Vergebung ihr Klopapier im Klo runter.

8.2 Bastelideen zum kreativen Beten

Die Bastelideen sollen den Kindern dabei helfen, das Gebet auch außerhalb der Gruppenstunde oder fester Zeiten in der Familie in ihren Alltag zu integrieren.

Gebets-Memo-Wand

Es gibt unterschiedliche Möglichkeiten, eine Gebets-Memo-Wand zu basteln:

- Pinnwand aus Korkplatten oder Flaschenkorken
- Magnetwand mit Klebefolie bekleben oder bemalen
- Holzbrett kreativ gestalten und mit Gummiband umwickeln (die Gebetsanliegen werden dann hinter das Gummiband geklemmt)
- Holzbrett kreativ gestalten und mit reißfester Wolle oder Schnur umwickeln. Die Gebetsanliegen werden dann mit Büroklammern oder Wäscheklammern (je nach Größe des Bretts) an der Schnur befestigt.
- Den Rahmen einer Tafel gestalten und die Tafel mit Kreide beschriften.

Die Überschrift auf der Gebets-Memo-Wand könnte sein „Ich bete für ..." oder „Ich danke für ..." oder „Meine Gebetswand". Zettel mit Anliegen, Namen oder einfach Fotos können an die Wand gepinnt, angehangen oder aufgeschrieben und -gemalt werden.

Um nicht den Überblick auf der Gebets-Memo-Wand zu verlieren, könnte man die Zettel alle in einer kleinen Schachtel aufbewahren, sich jeweils ein Anliegen zum Gebet aus der Schachtel herausholen, beten und dann den Zettel anpinnen. Sind alle Zettel aus der Schachtel „durchgebetet“, kann man sie wieder abnehmen und von vorn beginnen. Natürlich können die Anliegen auch jederzeit ergänzt oder ausgetauscht werden. Erhörte Gebete werden so sichtbar - aber genauso auch unerhörte Gebete, was die Auseinandersetzung mit dem Thema Gebet fördern kann.

Gebetswochenplan

In einen vorgedruckten oder selbst gezeichneten und verzierten Wochenplan können Gebetsanliegen eingetragen werden. Besonders praktisch ist es, wenn die Einträge im Wochenplan auch verändert werden können. Dies ist zum Beispiel mit abwischbaren Folienstiften auf Folie möglich. Der Gebetswochenplan kann auch in Form eines coolen Memoboards oder einer Pinn- oder Magnetwand gestaltet werden. Der Fantasie sind bei der Gestaltung keine Grenzen gesetzt. Es bietet sich an, jeweils einen Tag für eine Gebetsart zu nutzen. Beispiel:

Montag	Danken für Familie, Freunde, Essen und Trinken, Spielsachen und Wetter
Dienstag	Bitten für Freundschaften, gute Noten, Spaß beim Bibellesen und Schutz vor Krankheiten
Mittwoch	Bitten um Vergebung für alles, was in der letzten Woche nicht so toll war
Donnerstag	Beten für Eltern, Geschwister, Freunde, Lehrer und Menschen, die Jesus noch nicht kennen
Freitag	Klagen über das, was einem gerade Sorgen macht, wovor man Angst hat
Samstag	Gott sagen, was man an ihm toll findet und was er Gutes in dieser Woche getan hat
Sonntag	Zeit zum Hören auf Gott

Gebetswürfel

Aus Holz oder Papier wird ein Würfel gebastelt. Auf jede Seite des Würfels wird ein Gebet geschrieben oder geklebt:

Themenwürfel: Man kann zum Beispiel einen Würfel mit Abendgebeten oder Tischgebeten gestalten. Die Gebete für den Würfel kann man mit den Kindern gemeinsam formulieren oder in Büchern und im Internet suchen. Es eigen sich natürlich auch bekannte, mündlich überlieferte Gebete.

Beispiele für Tischgebete

Alle guten Gaben, alles was wir haben,
kommt, oh Gott, von dir, wir danken dir dafür! Amen.

Jedes Tierlein hat sein Essen, jedes Blümlein trinkt von dir.
Hast auch unser nicht vergessen, lieber Gott, wir danken dir! Amen.

Für dich und für mich ist der Tisch gedeckt,
hab Dank, lieber Vater, dass es uns gut schmeckt. Amen.

Vater, segne diese Speise,
uns zur Kraft und dir zum Preise. Amen.

Danke für das gute Essen. Amen.

Für Speis und Trank hab, Vater, Dank. Amen.

Vater, wir danken dir.
Von deinen Gaben leben wir
und was wir haben, kommt von dir. Amen.

Wir leben nicht vom Brot allein,
es muss dein Wort, Herr, bei uns sein.
Wir danken dir, dass du uns liebst
und uns dies beides täglich gibst. Amen.

Beispiele für Abendgebete

Ich hab' gespielt, ich hab' gelacht,
die Sonne hat mich müd' gemacht.
Darum ich dankbar sag':,
„Gott, heute war ein schöner Tag." Amen.

Wo ich gehe, wo ich stehe,
bist du, lieber Gott, bei mir.
Wenn ich dich auch niemals sehe,
weiß ich dennoch, du bist hier. Amen.

Was schön heut war, es kam von dir.
Was unrecht war, vergib es mir!
Lass mich bei dir, Gott, geborgen sein.
In deinem Namen schlaf' ich ein. Amen.

Müde bin ich, geh zur Ruh,
schließe meine Augen zu.
Vater, lass die Augen dein
über meinem Bette sein. Amen.

Ich lege mich nieder und schlafe ein,
ich wache wieder auf, denn der Herr beschützt mich. Amen.

In der langen dunklen Nacht
habe du, Gott, auf mich acht.
Schütze alle, die ich lieb‘,
alles Böse mir vergib.
Kommt der helle Sonnenschein,
lass mich wieder fröhlich sein. Amen.

Und wieder geht ein Tag zu Ende.
Ich leg‘ ihn, Herr, in deine Hände.
Nimm an, was froh war, gut und recht.
Nimm weg, was böse, traurig, schlecht.
Ich will in deinem Segen ruh‘n
und morgen wieder Gutes tun. Amen.

Fürbittewürfel: Dazu wird auf jede Seite des Würfels eine Person oder Personengruppe geschrieben, für die man gern beten möchte. Dann wird gewürfelt, für welche Person/ Personengruppe man heute betet.

Gebetsinhaltswürfel: Dadurch werden die Kinder motiviert, nicht nur zu bitten oder zu danken, sondern alle Gebetsinhalte auszuprobieren. Auf die Seiten des Würfels wird Folgendes geschrieben: Gott bitten, Gott danken, Gott um Vergebung bitten, Gott loben, für andere beten, auf Gott hören.

Gebetshaltungswürfel: Damit die Kinder zum kreativen Beten motiviert werden und so verschiedene Haltungen ausprobieren können, können die sechs Seiten des Würfels mit verschiedenen Gebetshaltungen beschriftet werden. Man kann sich die Methoden aus den Ideen in Kapitel 4 aussuchen.

Würfel kombinieren: Man kann die Würfel miteinander kombinieren, indem man z. B. zuerst die Gebetshaltung und dann das Thema oder den Inhalt würfelt.

Materialtipp
BibelKrea Gebetswürfel
25 Gebetswürfel für das kreative Beten mit Kindern von 3 bis 12 Jahren
Inkl. Anwendungstipps für noch mehr Kreativität; als Mappe oder CD-ROM erhältlich. Erschienen bei Adonia, Schweiz; in Deutschland erhältlich beim **BORN**-VERLAG, www.bornverlag.de; sonst über Adonia Schweiz

Gebetstagebuch

Mit Kindern, die Spaß am Schreiben haben, kann man ein Gebetstagebuch gestalten. Dazu wird ein kleines Notizbuch eingebunden, beklebt oder bemalt. Auf die erste Seite des Gebetstagebuchs schreibt das Kind seinen Namen und eventuell einen Bibelvers, der zum Gebet passt. Um dem Kind Ideen zu geben, was es in das Gebetstagebuch schreiben kann, kann man eine Liste mit den folgenden Satzanfängen kopieren. Diese Liste wird vorn in das Gebetstagebuch eingelegt:

- Lieber Gott, ich bin gerade glücklich/traurig, weil ...
- Lieber Gott, ich danke dir für ...
- Lieber Gott, ich wünsche mir so sehr, dass ...
- Lieber Gott, es tut mir leid, dass ...
- Lieber Gott, ich finde dich toll, weil ...
- Lieber Gott, ich wollte dir schon immer einmal sagen, dass ...
- Lieber Gott, ich verstehe nicht, dass ...

Lesezeichen basteln

Man kann mit den Kindern ein Lesezeichen basteln, das sie in ihre Bibel legen. Auf dem Lesezeichen könnte auf der einen Seite ein Bibelvers zum Gebet stehen und auf der anderen Seite diese Satzanfänge, die die Kinder beim Beten unterstützen:

- Gott, ich danke dir für ...
- Gott, ich bitte dich, dass ...
- Gott, bitte vergib mir ...
- Gott, ich finde toll, dass du ...
- Gott, ich bitte dich für ...
- Gott, es macht mich wütend, dass ...
- Gott, bitte hilf mir, auf dich zu hören ...

Gebetshocker

Um das Kennenlernen verschiedener Gebetshaltungen zu unterstützen, kann als Projekt mit den Kindern ein Gebetshocker gebaut werden. So können die Kinder das kniende Beten ausprobieren und einüben. Anleitungen gibt es im Internet.

Gebetskerze

Eine große Kerze wird mit Wachsplatten oder Wachsstiften bunt verziert und gestaltet. Diese Kerze zünden die Kinder immer dann an, wenn sie sich Zeit zum Beten nehmen.

8.3 Spielideen zum Beten

Kinder können auch auf spielerische Weise mit dem Gebet vertraut gemacht und das Gebet kann in verschiedene Spiele als Element eingebaut werden.

Bonbons-Knöpfe-Gebetsspirale

Bonbons, Süßigkeiten, Knöpfe und 20 Kärtchen mit „Gebetsaufträgen" werden spiralförmig auf den Boden gelegt. Alle Kinder sitzen im Stuhlkreis um die Spirale herum. Es wird reihum gewürfelt. Jedes Kind darf das von der Spirale nehmen, was es würfelt. Die Knöpfe sind Nieten. Es wird immer vom Anfang der Spirale Richtung Mitte gezählt. Würfelt ein Kind also eine 3, darf es das 3. Teil der Spirale wegnehmen und behalten. Bei den Gebetsaufträgen betet ein Freiwilliger aus der Gruppe für dieses Anliegen. Gegebenenfalls muss man manchmal die Teile etwas nachrücken. Beim Würfeln darauf achten, dass nicht die ganze Spirale durcheinandergerät. Eventuell kann man am Ende des Spiels drei Knöpfe in eine Süßigkeit eintauschen.

Bespiele für Gebetsaufträge

- Betet für einen Lehrer eurer Schule!
- Betet für einen Cousin / eine Cousine!
- Betet für den aus eurer Gruppe, der als Nächster Geburtstag hat!
- Betet für euren Gruppenleiter!
- Dankt für etwas ganz Kleines!
- Dankt für den Kindergottesdienst in eurer Gemeinde!
- Lobt Gott für etwas, das er heute getan hat!

Atom-Spiel mit Gebetszeiten

Alle Kinder laufen zu Musik im Raum wild durcheinander. Wenn die Musik ausgeht, ruft ein Mitarbeitender eine Zahl. Die Kinder müssen sich dann entsprechend gruppieren. Ruft man zum Beispiel 3, müssen immer 3 Kinder zusammengehen. Die Kinder, die übrig bleiben, scheiden aus. Haben sich die Gruppen gefunden, nennt der Mitarbeitende ein Gebetsanliegen und die Kinder beten in ihrer Atom-Gruppe laut oder leise für dieses Anliegen (entsprechend Methode Bienenkörbchengebet, siehe Seite 40). Dann geht die Musik wieder an und die Kinder bewegen sich erneut im Raum durcheinander. Gewonnen haben die Kinder, die am Ende übrig bleiben.

Mögliche Gebetsanliegen

- Betet für eure Eltern und Geschwister!
- Dankt Gott für etwas, das ihr besonders gut könnt!
- Dankt Gott für das, was ihr heute gegessen habt!
- Sagt Gott drei Dinge, die ihr an ihm gut findet!
- Betet für einen Freund, der Jesus noch nicht kennt!

Gebets-Schnitzeljagd

Bei dieser besonderen Schnitzeljagd geht die erste Gruppe voraus und markiert den Weg für die zweite Gruppe mit Kreidepfeilen. Dabei überlegt sie für jeden Pfeil eine Person oder eine Personengruppe, für die gebetet werden soll (Eltern, bester Freund, Nachbar, Postbote, Klassenlehrer, verfolgte Christen, Arme, Obdachlose ...), und schreibt sie neben den Pfeil. Die zweite Gruppe folgt dem Weg der ersten Gruppe anhand der Pfeile und macht bei jedem Pfeil eine Gebetspause für die entsprechenden Personen.
Variante: Mit einem Würfel kann die zweite Gruppe (Gebetsgruppe) noch bestimmen, ob sie dankt oder bittet: 1, 3 und 5 = danken und 2, 4 und 6 = bitten.

Gebetsanliegen erraten

Die Kinder denken sich selbst Gebetsanliegen aus. Diese werden dann entweder pantomimisch oder malerisch dargestellt und von den anderen Kindern erraten. Wird ein Gebetsanliegen erraten, betet ein Freiwilliger aus der Gruppe für dieses Anliegen.

Luftballontanz

Die Kinder schreiben oder malen ein Gebetsanliegen auf einen kleinen Zettel, stecken diesen dann in einen Luftballon und blasen den Luftballon auf. Dann werden zu einem Lied die Luftballons symbolisch zu Gott in die Höhe geworfen. Alle Kinder müssen gemeinsam darauf achten, dass kein Ballon den Boden berührt. Dabei geraten die Luftballons natürlich durcheinander. Endet die Musik, fängt jedes Kind einen Luftballon und lässt ihn platzen. Dann kann es den Zettel lesen und für dieses Anliegen beten. Hierfür eignen sich besonders gut die Methoden Bengalisches Gebet (siehe Seite 40), Bienenkörbchengebet (siehe Seite 40), Stupsgebet (siehe Seite 40) und Stilles Gebet (siehe Seite 41).

Länder-Dartscheibe

Mit Dartpfeilen werfen die Kinder auf eine Weltkarte. Für das Land bzw. die Menschen in dem Land, das sie treffen, sprechen sie ein Gebet. Für das Gebet eignen sich besonders gut die Methoden Bengalisches Gebet (siehe Seite 40), Bienenkörbchengebet (siehe Seite 40) und Popcorngebet (siehe Seite 39).
Tipp: Gut ist es, ein Buch (z. B. „Gebet für die Welt“, siehe Seite 93) mit Informationen über die Länder bereitzuhalten oder sich aktuelle Informationen aus dem Internet zu besorgen (siehe Hinweise Seite 94)

8.4 Gebetsaktionen

Box für Gebetsanliegen der Kinder

Die Mitarbeitenden können den Kindern anbieten, dass sie auch außerhalb der Gruppenstunde für die Anliegen der Kinder beten. Dafür gibt es eine Gebetsbox. Die Kinder können ihre Gebetsanliegen anonym oder mit Namen aufschreiben und in die Box werfen. Die Mitarbeitenden leeren die Box nach jeder Gruppenstunde und beten für die eingeworfenen Anliegen. Diese Methode hat nichts mit der Gruppenstunde an sich zu tun. Sie vermittelt den Kindern aber, dass Gebet für die Mitarbeitenden wichtig ist und sie an die Macht des Gebets glauben. Außerdem gibt es den Kindern das Gefühl, für die Mitarbeitenden - auch außerhalb der Gruppenstunde - wichtig zu sein. Ein positiver Nebeneffekt ist auch, dass die Mitarbeitenden so wissen, was die Kinder ihrer Gruppe beschäftigt.

Gebetsunterstützung für eine Woche

Diese Aktion eignet sich, um die Kinder zu ermutigen, auch während der Woche füreinander zu beten. Jedes Kind, das bei dieser Aktion mitmachen möchte, schreibt seinen Namen auf einen Zettel und wirft diesen in ein vorbereitetes Körbchen. Dann darf jedes Kind, das einen Zettel geschrieben hat, wieder einen Zettel aus dem Körbchen ziehen. Innerhalb einer abgesprochenen Zeit, z. B. bis zur nächsten Gruppenstunde, hat das Kind dann die Aufgabe, für das gezogene Kind zu beten. Wenn sich die Kinder gut kennen, ist es auch möglich, die Kinder untereinander Anliegen austauschen zu lassen.

Gebetserhörung teilen

Die Kinder können sich in einer Austauschrunde gegenseitig erzählen, was sie persönlich schon mit dem Gebet erlebt haben. Das Teilen von Gebetserhörungen mit den anderen ermutigt sie zum Beten. Wichtig ist, dass in diesem Zusammenhang auch das unerhörte Gebet (siehe Seite 32) thematisiert wird, damit Kinder nicht enttäuscht sind, wenn sie nichts zu erzählen haben.

Man kann den Kindern von einer Gruppenstunde zur nächsten auch die Aufgabe geben sich zu merken, für was sie während der Woche gebetet haben und wie Gott diese Gebete beantwortet hat, sodass man sich beim nächsten Mal gemeinsam darüber austauschen kann. Auch hier darf kein Druck aufgebaut werden, dass jedes Kind von einem „Erfolgserlebnis" berichten muss!

Gebetsspaziergang

Man kann mit den Kindern einen Gebetsspaziergang durch den Ort machen, vielleicht auch in kleineren Gruppen. Dabei sollen die Kinder selbst überlegen, für wen sie auf diesem Spaziergang beten könnten. Als Inspiration für das Gebet können sowohl Gebäude (Schule, Rathaus, Arztpraxis ...) als auch einzelne Personen (Bäckerfrau, Postbote, Oma auf der Straße ...) dienen. Die Kinder können entweder gemeinsam beten oder leise für sich selbst. Ganz nach Jeremia 29,7 (Neues Leben): *„Betet für das Wohlergehen der Stadt!“* Im Anschluss an den Gebetsspaziergang ist es empfehlenswert, eine Austauschrunde zu machen. So können die Kinder erzählen, wie sie die Aktion empfunden und was sie erlebt haben.

Gebetsangebot für jedermann

Wenn die Kinder mutig sind und etwas Erfahrung im Fürbitte-Gebet haben, kann diese Aktion ausprobiert werden. Mit einem großen Plakat, auf dem „Wir beten gern für Sie!“ steht, stellt sich die Gruppe in einer Fußgängerzone auf. Den vorbeigehenden Passanten wird ein Gebet angeboten. Spannend ist dabei immer, ob und wie diese Aktion angenommen wird. Gut ist es, wenn die Kinder ein paar vorformulierte Gebete an die Hand bekommen. Diese Aktion muss gut mit den Kindern vorbesprochen werden und sollte nur durchgeführt werden, wenn die Kinder das wirklich wollen.

8.5 Experimente zur Veranschaulichung von Gebet

Der Ampelvergleich mit Luftballons

Der bereits beschriebene Ampelvergleich (siehe Seite 35) soll zeigen, wie Gott unsere Gebete beantworten kann. Es gibt drei Möglichkeiten: Nein! (rot), Warte! (gelb) und Ja! (grün).

Alternativ zum Bild einer Ampel kann man auch drei Luftballons in Rot, Gelb und Grün einsetzen. Um einen Überraschungseffekt bei den Kindern hervorzurufen, werden die drei Luftballons ineinander aufgeblasen und nacheinander platzen gelassen. Der nächste Luftballon wird erst dann sichtbar, wenn der vorherige geplatzt ist. Der rote Luftballon ist also außen, der gelbe in der Mitte und der grüne ganz innen.

Um die Luftballons ineinander aufblasen zu können, müssen sie übereinander auf einen Kochlöffel gezogen werden: zuerst der grüne, dann der gelbe darüber und zum Schluss der rote Luftballon. Dann zieht man den Kochlöffel wieder heraus und bläst zuerst den grünen, dann den gelben und zuletzt den roten Luftballon mit einer Pumpe auf und verknotet jeden einzeln. Wichtig ist, dass man die Luftballons mit einem Kuttermesser platzen lässt, indem man sie unten am Knoten einritzt und den Luftballon etwas vom inneren Luftballon wegzieht.

Als Variante könnte man noch einen vierten Luftballon in Weiß nach ganz innen nehmen, auf dem „Gott hört alle Gebete (aber er beantwortet sie nicht immer so, wie wir uns das wünschen)“ steht.

Die Teebeutelrakete

Anhand der Teebeutelrakete kann man den Kindern erklären, wie Gebet funktioniert. Dafür benötigt man einen „klassischen“ Teebeutel mit einem Papierschild am Faden.

Gegenstand	*Übertragung*
Der „Zettel“ ist die Gebrauchsanleitung für den Tee.	Die Bibel ist die Gebrauchsanleitung, die Gott uns für unser Leben gegeben hat. Sie sagt uns, dass Gott unser Gebet hört.
Die Schnur verbindet den Zettel mit dem Teebeutel.	Das Gebet verbindet uns Menschen mit Gott, unserem Vater im Himmel.
Der Beutel ist voll mit vielen kleinen Teekörnchen.	Es gibt ganz viele Dinge, für die wir beten können. Nichts ist zu klein oder zu unwichtig für ein Gebet.

Jetzt wird der Teebeutel aufgeschnitten, die Teekörnchen ausgeleert und der leere Teebeutel wie eine Röhre auf einen Teller gestellt. Dann wird der Teebeutel unten angezündet. Der Teebeutel verbrennt und steigt dabei nach oben.

Der Teebeutel verbrennt und steigt dabei nach oben.	Wir können unsere Gebete immer und überall zu unserem Vater schicken.
Die Asche kommt wieder zurück und kann mit dem Teller aufgefangen werden.	Keines unserer Gebete ist umsonst. Gott beantwortet alle unsere Gebete.

Tipp: Man sollte einen Eimer mit Wasser für den Notfall bereithalten; normalerweise kann aber bei diesem Experiment nichts passieren.

Eiswürfel angeln - Gebet ist die Verbindung zu Gott
Material: eine Angel (kann man ganz einfach aus einem Stock, Stift oder Kochlöffel und einem Stück Wolle bauen), Kochsalz, ein Glas mit Wasser, Eiswürfel
So wird's gemacht: 1. Lege einen Eiswürfel in das Wasserglas. Der Eiswürfel schwimmt oben. 2. Halte die Angel so über das Glas, dass die Schnur den Eiswürfel berührt. 3. Streue etwas Salz über die Schnur und den Eiswürfel und warte ein paar Sekunden. 4. Hebe die Angel nach oben aus dem Wasser heraus.
Das passiert: Der Eiswürfel bleibt an der Schnur hängen und du kannst ihn aus dem Wasser herausangeln.
Wieso passiert das? Durch das Salz schmilzt das Eis. Gleichzeitig wird das Schmelzwasser des Eiswürfels durch das Salz noch einmal so kalt, dass es wieder gefriert. Dadurch friert der Eiswürfel an der Schnur fest und du kannst ihn mit der Angel herausfischen.
Was hat das mit Gebet zu tun? Wir Menschen sind wie der Eiswürfel, der in dem Wasserglas schwimmt. Gott ist die Angel. Gebet ist wie das Salz in unserem Experiment. Durch das Gebet haben wir eine Verbindung zu Gott, dem Vater.

Der Luftballon - Gebet ist, wenn man mit Gottes Möglichkeiten rechnet
Material: 30 g Trockenhefe, 1 Teelöffel Zucker, 1 Luftballon, 1 kleine Glasflasche, 1 flache Schüssel mit warmem Wasser, Esslöffel
So wird's gemacht: 1. Vermische die Trockenhefe mit dem Zucker und 2 Esslöffeln warmem Wasser. 2. Schütte alles in die Glasflasche. 3. Spanne einen Luftballon über die Öffnung der Glasflasche. 4. Stelle die Glasflasche in die Schüssel mit dem warmen Wasser.
Das passiert: Nach einiger Zeit beginnt der Luftballon sich aufzublasen.
Wieso passiert das? Die Mischung aus Hefe, Zucker und Wasser produziert Kohlenstoffdioxid. Das bläst den Luftballon langsam auf. Durch das warme Wasser in der Schale wird der Prozess beschleunigt.
Was hat das mit Gebet zu tun? Die Glasflasche sind wir. Wenn wir mit Gottes Möglichkeiten - dem Gemisch aus Hefe, Zucker und Wasser - rechnen und Großes von ihm erwarten, dann können unglaubliche Dinge passieren: so wie der Luftballon plötzlich größer wird. Er steht für die Dinge, die Gott durch das Gebet tut. Das Gebet ist die Schale mit Wasser, durch die Gottes Kraft freigesetzt und verstärkt wird.

9. Stundenentwürfe zum Thema Gebet

Da die Altersspanne von 6 bis 12 Jahren sehr groß ist, müssen einzelne Elemente der Stündenentwürfe eventuell auf das Alter der eigenen Kinder/Gruppe angepasst werden.

9.1 Gott bitten

Bibeltext: Lukas 18,1-8

Thema: Die bittende Witwe - Gott reagiert auf unser intensives Bitten

Zielgedanke: Die Kinder sollen wissen, dass man Gott alle großen und kleinen Bitten im Gebet sagen kann. Sie sollen ermutigt werden, dies immer wieder zu tun und niemals damit aufzuhören!

Merkvers: *Hört niemals auf zu beten* (1. Thess 5,17; HfA), oder *Ihr werdet alles bekommen, wenn ihr im festen Glauben darum bittet* (Mt 21,22; HfA).

Erklärungen zum Text

Unmittelbar vor dem Gleichnis spricht Jesus über seine Wiederkunft auf die Erde und darüber, dass dann sichtbar wird, wer zu ihm gehört und wer nicht. Anschließend erzählt Jesus zwei Gleichnisse, die sich beide mit dem Thema Gebet befassen. Vielleicht sind sie eine Art „Gebrauchsanweisung fürs Leben", für die Zeit bis zur Wiederkunft Jesu.

V.1: Jesus erzählt den Menschen das Gleichnis vom Richter und der Witwe, um ihnen deutlich zu machen, wie wichtig das Gebet ist. In der Bibel finden wir unterschiedliche Gebetsformen (Lob/Anbetung, Dank, Bitte, Fürbitte, Buße und Klage). Dieses Gleichnis befasst sich speziell mit dem beharrlichen Bittgebet. Jesus ermutigt zum beharrlichen Bittgebet, indem er mit einer Beispielgeschichte zeigt, was ausdauerndes Bitten bewirkt.

V.2: Der Richter, vermutlich ein gewöhnlicher Orts- und Stadtrichter (vgl. 5. Mose 16,18), ist eine Autoritätsperson und befindet sich in einer Machtstellung. Seine Entscheidungen haben massive Auswirkungen auf die Leute, die ihm unterstellt sind und über die er richtet. Dieser Richter wird uns als ein gottloser und selbstsüchtiger Mensch vorgestellt.

V.3: Diesem Richter wird eine Witwe gegenübergestellt. Die Position einer Witwe zur damaligen Zeit ist denkbar schlecht. Als Frau ohne familiäre Einbindung und Absicherung steht sie am Rande der Gesellschaft (Lk 21,2 f.) und hat praktisch keine Rechte. Aber Gott verschafft den Witwen Recht (5. Mose 10,18) und straft das Unrecht, das man ihnen antut. Die Witwe bestürmt den Richter Tag für Tag, weil sie sich in einer Notsituation befindet, spürt dabei aber ihre Machtlosigkeit. Vermutlich geht es um eine Geldangelegenheit und die Witwe möchte, dass der Richter ihr in dieser Angelegenheit Recht verschafft.

V.4: Der Richter interessiert sich in seiner Selbstsucht nicht für das Elend der Witwe. Er reagiert nicht auf ihr Bitten.

V.5: Weil das ständige Bitten dem Richter auf Dauer zu lästig wird, entschließt er sich dann doch, der Witwe zu ihrem Recht zu verhelfen. Der Richter hat vermutlich bisher die Erfahrung gemacht, dass langes Warten die Leute in ihrem Bitten müde macht und sie schließlich aufgeben. Ganz anders ist dies aber bei der bittenden Witwe; sie wird in ihrem Bitten immer massiver, sodass der Richter sogar fürchtet, dass sie auch noch handgreiflich wird. Nur aufgrund des unaufhörlichen Bittens gibt der Richter der Bitte der Witwe nach.

V.6.7: Jesus fügt seine Erklärung direkt an die Erzählung an. Er stellt diesem ungerechten Richter einen gerechten Gott gegenüber. Wenn schon ein ungerechter Richter irgendwann einer beharrlichen Bitte nachgibt und Recht verschafft, wie viel mehr wird dann Gott den Bitten seiner Kinder nachgeben und ihnen Recht verschaffen!

V.8: Weiter sagt Jesus, dass Gott „schnellstens" helfen wird. Hier handelt es sich wohl um ein göttliches Zeitmaß. So lässt sich auch die Frage erklären, die Jesus am Ende des Gleichnisses stellt. Er möchte die Menschen ermutigen - im Vertrauen, dass Gott unsere Bitten erhört -, Gott zu bitten und dabei nicht müde zu werden und nicht aufzugeben, so wie es die Witwe im Gleichnis getan hat.

Bittgebet: Die Bibel legt eine sehr große Verheißung auf das Bittgebet und sagt in Matthäus 21,22 (HfA): *„Ihr werdet alles bekommen, wenn ihr im festen Glauben darum bittet."* Und trotzdem leben wir in dieser Spannung, dass wir immer wieder in unserem Alltag erleben, dass Gott unsere Gebete nicht so beantwortet, wie wir uns das wünschen oder es uns vorgestellt haben - zumindest nicht sofort. Gott erfüllt uns nicht alle unsere Bitten und Wünsche. Er ist ja schließlich auch kein Wunschautomat. Und trotzdem dürfen wir Gott bitten und ihm auch mit unseren Bitten „in den Ohren liegen" im Vertrauen darauf, dass er uns schnellstens Recht verschafft ... spätestens aber bei Jesu Wiederkunft.

Situation der Kinder

Die Kinder haben ein kindliches Gottvertrauen. Für sie ist es wahrscheinlich sogar einfacher als für Erwachsene, sich mit ihren großen Bitten an Gott zu wenden. Kinder bitten Gott oft um Dinge, die für erwachsene Ohren lustig klingen wie zum Beispiel „Lieber Gott, bitte mach, dass meine Augen nicht mehr braun sind, wenn ich morgen früh aufwache, sondern wunderschön blau!" Und doch zeigen sie, dass die Kinder Gott alles zutrauen. Andererseits haben auch die Kinder sicher schon erlebt, dass sie Gott um etwas gebeten haben und Gott ihnen diese Bitte nicht erfüllt hat. Vielleicht haben sie sich mit der großen Bitte, dass die Oma wieder gesund wird, an Gott gewandt und dann ist die Oma doch gestorben. Die Erwachsenen leben auch - genau wie die Kinder - in dieser Spannung. Es kommt nicht darauf an, den Kindern diese Spannung „weg zu erklären", das kann niemand. Vielmehr geht es darum, die Kinder zum ausdauernden Gebet zu ermutigen, auch dann, wenn uns nicht jede Bitte oder jeder Wunsch sofort und/oder in der erwünschten Form erfüllt wird.

Treffpunkt

Wunschliste schreiben oder malen
Ein großes Plakat wird im Raum aufgehängt oder auf den Boden gelegt. Dazu werden Stifte gelegt. Das Plakat hat die Überschrift „Was würdest du dir wünschen, wenn du dir alles wünschen könntest, was du willst, und diese Wünsche wirklich in Erfüllung gehen würden?" Die Kinder werden dann aufgefordert, ihr Wünsche und Ideen dazu aufzuschreiben oder aufzumalen.

Geschenk
Ein Mitarbeitender sitzt an einem Tisch im Gruppenraum. Vor sich auf dem Tisch hat er ein schön verpacktes Geschenk liegen (z. B. eine Tafel Schokolade). Die Kinder dürfen nicht wissen, was in dem Geschenk ist. Der Mitarbeitende gibt bekannt, dass eines der Kinder dieses Geschenk bekommt. Aufgabe jedes Kindes ist es jetzt, den Mitarbeitenden davon zu überzeugen, ihm das Geschenk zu geben. Dabei sollen sich die Kinder kreative Gründe einfallen lassen oder auch einfach nur „betteln" und es während der Treffpunktphase immer wieder versuchen. Am Ende der Treffpunktphase gibt der Mitarbeitende das Geschenk dann einem Kind und erklärt kurz, warum er sich so entschieden hat. Für die Auswahl des Kinder ist diesmal die Ausdauer wichtiger als die Kreativität.

Geduldsspiele und Knobelspiele
Verschiedene kleinere Gedulds- und Knobelspiele (aus Holz oder Metall, Würfel, Schiebebildchen, Kugel auf Lochbrett usw.) werden aufgebaut und die Kinder können einzeln oder gemeinsam versuchen, die Aufgaben zu lösen.

Dominosteine (oder Bauklötze)
Die Kinder bauen mit vielen Dominosteinen gemeinsam eine riesige Schlange auf. Wenn aus Versehen eine Umkippreaktion ausgelöst wird, müssen die Dominosteine wieder aufgestellt werden. Wenn wirklich alle Dominosteine verbaut sind, kann die Umkippreaktion absichtlich ausgelöst werden.

Knackpunkt

Der Inhalt des Gleichnisses wird in einer Art Anspiel dargestellt. Eine Person verkleidet sich als Richter *(schwarzer Umhang, evtl. mit weißem Polokragen)* und sitzt an einem

Tisch. Vor dem Richter liegt ein Holzbrett und in der Hand hält er einen Hammer. Eine weitere Person verkleidet sich als Witwe *(ärmlich, mit einem langen Rock, Kopftuch und Mantel oder Umhang)* und betritt den Raum.

Witwe (bittend): Sehr geehrter Herr Richter, ich bitte Sie, mir zu helfen. Mein Mann ist gestorben und jetzt bin ich Witwe, ich habe kaum genug Geld zum Überleben.
Richter (grimmig): Scher dich fort, Frau! Verschwinde, so wie dir geht es vielen. Es ist nicht meine Aufgabe, für dich zu sorgen.
Witwe (verzweifelt): Aber Herr Richter, so warten Sie doch erst einmal, was ich vorzubringen habe! Ich bitte Sie, verschaffen Sie mir Recht in dieser Sache. Sie müssen mir mein Recht zusprechen! ... Wenn Sie es nicht tun, tut es keiner.
Richter (genervt): Um was geht es denn?
Witwe (hoffnungsvoll): Ein Mann schuldet mir Geld, er hat zwei Hühner von mir bekommen und mir nicht den versprochenen Preis dafür bezahlt!
Richter (desinteressiert): Solche Geschichten kommen täglich hundert Mal vor. Wenn ich da überall Recht sprechen würde, hätte ich viel zu tun. Und jetzt verschwinde, du verschwendest meine kostbare Zeit, raus mit dir!
Der Richter schlägt mit dem Hammer auf das Brett und die Witwe verlässt den Raum.

Kurze Zeit später öffnet sich die Tür wieder und die Witwe geht erneut zum Richter.
Witwe (bittend): Sehr geehrter Herr Richter, ich bitte Sie mir zu helfen ...! Wenn Sie es nicht tun, tut es keiner.
Richter (grimmig): Scher dich fort, Frau! Verschwinde, so wie dir geht es vielen!
Der Richter schlägt mit dem Hammer auf das Brett und die Witwe verlässt den Raum.

Kurze Zeit später öffnet sich die Tür wieder und die Witwe geht erneut zum Richter.
Witwe (bittend): Sehr geehrter Herr Richter, ich bitte Sie mir zu helfen ...! Wenn Sie es nicht tun, tut es keiner.
Richter (grimmig): Scher dich fort, Frau! Verschwinde, so wie dir geht es vielen.
Der Richter schlägt mit dem Hammer auf das Brett und die Witwe verlässt den Raum.

Diese Szene kann mehrmals wiederholt werden, sodass deutlich wird, wie geduldig und ausdauernd die Witwe mit ihrer Bitte war. Es ist auch möglich, dass ein weiterer Mitarbeitender die Kinder beim x-ten Mal fragt, was wohl passieren und wie der Richter wohl reagieren wird. So wird deutlich, dass die Frau nicht damit rechnen konnte, dass der Richter ihrer Bitte überhaupt noch nachgibt.

Kurze Zeit später öffnet sich die Tür wieder und die Witwe geht erneut zum Richter.
Witwe (bittend): Sehr geehrter Herr Richter, ich bitte Sie mir zu helfen ...! Wenn Sie es nicht tun, tut es keiner.

Richter (grimmig): So wie dir geht es vielen Frauen ... Aber weil du nicht aufhörst, mich zu bitten und mich immer mehr bedrängst, sollst du bekommen, worum du bittest. Ich spreche dir dein Recht zu, du sollst das Geld bekommen, das dieser Mann dir schuldet.
Witwe (froh): Vielen Dank, Herr Richter, Sie sind so gut zu mir!
Richter (grimmig): Du hättest ja doch nicht aufgehört zu bitten ... Wer weiß, vielleicht wärst du am Ende sogar noch handgreiflich geworden ... Ich habe dir nur zu deinem Recht verholfen, weil du mich nicht in Ruhe gelassen hast - und jetzt raus hier, verschwinde, Frau!
Der Richter schlägt mit dem Hammer auf das Brett und die Witwe verlässt den Raum.

So oder so ähnlich haben sich die Zuhörer die Geschichte vorgestellt, die Jesus ihnen einmal erzählt hat. Wenn Jesus den Menschen eine Beispielgeschichte – in der Bibel heißt das Gleichnis – erzählt hat, wollte er den Menschen damit immer etwas erklären.

Die Kinder werden gefragt: Was denkt ihr, warum Jesus den Menschen diese Geschichte erzählt hat? *Die Kinder antworten lassen.* Jetzt habt ihr viele verschiedene Ideen (oder keine Ideen) gehabt. Deshalb ist es gut, dass Jesus den Menschen die Gleichnisse nicht einfach nur erzählt, sondern ihnen auch erklärt hat, was er damit sagen will.

Lukas 18,6-8a vorlesen. Jesus sagt also, dass wir Gott, unseren Vater, Tag und Nacht bitten sollen, so wie es die Witwe in der Geschichte getan hat. Wir sollen nicht aufhören zu bitten. Wenn selbst ein ungerechter Richter die Bitte einer Witwe irgendwann erhört, dann wird Gott unsere Bitte noch viel schneller erhören.

Doppelpunkt

Es gibt einen Vers in der Bibel, der dieses Gleichnis gut zusammenfasst: *„Hört niemals auf zu beten“* (1. Thess 5,17; HfA)!

Zum Lernen des Merkverses werden die Kinder in zwei Gruppen aufgeteilt. Die beiden Gruppen sagen immer abwechselnd je ein Wort des Verses (ähnlich wie ein Pingpongball, der hin und her gespielt wird). Dabei versuchen sie, immer schneller zu werden. Es wird abgewechselt, welche Gruppe anfängt. Wenn das gut klappt, können auch einzelne Kinder abwechselnd den Vers sagen.

Anschließend werden in Kleingruppen folgende Fragen besprochen:
- Um was können wir Gott alles bitten?
- Was wäre die allergrößte Bitte, die du an Gott hast?
- Für was hast du schon einmal gaaaanz lange gebetet?
- Was kann man tun, wenn man lange betet und nichts passiert?

Überleitung von der letzten Frage zum Gebet
Wenn man lange betet und nichts passiert, kann man auch mit anderen gemeinsam beten und sich immer wieder gegenseitig erinnern, dass man trotzdem nicht aufhören soll zu beten. Und wenn trotzdem nichts passiert, müssen wir Gott vertrauen, dass er weiß, warum das jetzt so ist. Manche Dinge verstehen wir Menschen einfach nicht.

Anschließend wird gemeinsam gebetet und Gott um die Dinge gebeten, die die Kinder vorher aufgezählt haben. Als Methode eignet sich hier besonders gut das Stupsgebet (siehe Seite 40).

Schlusspunkt
Die Kinder bekommen ein Blatt in Postkartengröße, das schön gestaltet ist. Auf der Vorderseite ist der Merkvers als Erinnerung abgedruckt.
Auf der Rückseite steht: „Ich möchte Gott immer und immer wieder bitten, dass ...."

Dann bekommen die Kinder noch einen Briefumschlag, den sie an sich selbst adressieren. Das Blatt wird in den Briefumschlag gesteckt und der Umschlag verschlossen. Die Kinder geben diesen Umschlag bei den Mitarbeitenden ab. Diese versprechen den Kindern, dass sie ihnen diesen Brief als Erinnerung im Laufe der nächsten Woche (irgendwann in der nächsten Zeit) in den Briefkasten werfen. So bekommt jedes Kind einmal Post und wird gleichzeitig noch einmal erinnert, wirklich ausdauernd zu beten.

Bausteine

Geduldsspiel basteln
Als Erinnerung daran, dass wir mit unserem Bitten manchmal geduldig sein müssen, kann man ein Geduldsspiel basteln. Verschiedene Anleitungen dazu finden sich im Internet. Eine besondere Form des Geduldsspiels ist der „Soma-Würfel". Auch hierfür findet sich eine Bastelanleitung im Internet (z. B. http://www.mathematische-basteleien.de/somawuerfel.htm).

Gebetsglas basteln
Um an das ausdauernde Beten zu erinnern und es auch zu visualisieren, kann man ein Gebetsglas basteln. Ein Glas, eine schmale Vase aus Glas oder ein kleines Marmeladen- oder Einmachglas wird z. B. mit Window-Colours bemalt und beschriftet. Für jedes Bittgebet zu einem bestimmten Anliegen kann das Kind eine Erbse o. Ä. in dieses Glas werfen. So wird sichtbar, wie ausdauernd es für eine Sache betet.

Samenkorn einpflanzen

Das Wachsen einer Pflanze braucht viel Geduld. Lange Zeit sieht man gar nichts, dann wird die Pflanze nur langsam groß. Die Kinder können ein Samenkorn einpflanzen und das Wachsen beobachten. Durch das Wachsen der Pflanze werden die Kinder an das ausdauernde Gebet erinnert. Außerdem werden sie motiviert, so lange für eine bestimmte Sache zu bitten, bis die Pflanze gewachsen ist. Man kann zusätzlich den Topf der Gebetspflanze bunt bemalen.

Knoten in eine Schnur machen

Die Kindern bekommen ein längeres Stück Wolle. Sie sollen für jedes Bittgebet, das sie für ein bestimmtes Anliegen sprechen, einen Knoten in die Schnur machen. Anhand der Knoten sehen sie dann, wie oft sie schon für dieses Anliegen gebetet haben. Außerdem erinnert die Schnur - zum Beispiel in der Hosentasche oder auf dem Schreibtisch - das Kind immer wieder daran, Gott zu bitten und nicht damit aufzuhören, bis seine Bitte erfüllt ist.

9.2 Gott danken und Gott loben

Bibeltext: Psalm 67,1-8

Thema: An Gottes Segen ist alles gelegen - Gott loben und danken

Zielgedanke: Die Kinder sollen sich an dem freuen, was sie von Gott geschenkt bekommen, und ihm dafür danken.

Merkvers: *Lobe den HERRN, meine Seele! Und vergiss nicht das Gute, das er für dich getan hat* (Psalm 103,2; HfA)!

Erklärungen zum Text

Die Bibel verrät uns nicht, wer der Autor dieses Psalms ist. Wir wissen aber, dass es sich um ein Gebetslied und um Worte eines Menschen an Gott handelt. Der Psalmbeter dankt Gott im Namen aller Völker für den guten Ernteertrag. Mit Völkern meint er alle Nationen, alle Menschen dieser Erde und gleichzeitig auch jeden einzelnen Menschen. Er sieht in der Ernte den sichtbaren Segen Gottes.

V.2: Der Psalmbeter beginnt sein Gebet mit einer Bitte. Er bittet Gott um Gnade, Segen und einen liebevollen Blick auf die Menschen.

V.3: Er hofft, dass daran alle Menschen erkennen werden, dass Gott über die Welt herrscht und ihr Retter ist.

V.4: Diese Gotteserkenntnis soll dann in Dank und Lobpreis ausgedrückt werden, was der Psalmbeter hier stellvertretend für alle Menschen tut.

V.5: Er freut sich, dass Gott ein gerechter Richter ist, der die ganze Welt regiert, auch wenn noch nicht alle Menschen diese Erkenntnis haben. Der Blick des Psalmbeters ist aber darauf gerichtet, dass sich (irgendwann) alle Menschen darüber freuen und zu Gott jubeln.

V.6: Besonders betont wird auch der Dank Gott gegenüber. Alle Menschen auf der ganzen Welt sollen Gott danken für das, was er ist, tut und schenkt.

V.7: Eines der Geschenke Gottes an die Menschen ist, dass das Land eine gute, reiche Ernte bringt. Sie wird hier vom Psalmbeter stellvertretend erwähnt für alles, was uns Gott schenkt - sichtbar und unsichtbar.

V.8: Dann beendet der Psalmist sein Gebet mit der Bitte um Segen. Das Dankgebet ist also eingeschlossen in die Bitte um Segen. Hier wird deutlich, dass der Psalmbeter im Blick hat, dass Gottes Segen noch weit über einen guten Ernteertrag hinausgeht.

Segen: Unter Segen versteht man das, was Gott jedem Einzelnen schenkt. Dies können materielle Dinge sein wie Wohlstand oder eine gute Ernte. Aber auch körperliche Stärke, seelische Kraft, Weisheit, Gelingen, Freude und Glück können Ausdruck von Segen sein. Es ist das ständige Von-Gott-begleitet-Werden und Unter-seinem-Schutz-Stehen. Wenn man jemanden segnet, dann legt man den Namen Gottes auf ihn und stellt ihn damit unter den Schutz Gottes. So kann man Gottes Geschenk an andere weitergeben.

Situation der Kinder

Kinder bekommen ständig etwas geschenkt. Zum Beispiel eine Scheibe Wurst beim Metzger oder eine Süßigkeit von der Nachbarin und natürlich auch die großen Geschenke zum Geburtstag und zu Weihnachten. Kinder lieben Geschenke! Kinder freuen sich über Geschenke, aber wenn sie sich nicht sofort dafür bedanken, hört man immer wieder, wie die Eltern sich mit dem Satz „Wie sagt man?“ einschalten. Dann kommt ein verlegenes „Danke!“ der Kinder und das war es meistens. Hier zeigt sich, dass schon sehr kleine Kinder von ihren Eltern zu einer „höflichen Dankbarkeit“ erzogen werden. Diese höfliche Dankbarkeit unterscheidet sich aber wesentlich von der Dankbarkeit, die wir Gott gegenüber haben (sollen). Dazu kommt noch, dass die Kinder heute in einer Konsumgesellschaft aufwachsen und viele von ihnen mit Geschenken (Spielzeug in allen Variationen, technische Geräte, Kleidung, Süßigkeiten ...) geradezu überhäuft werden. Da ist die Dankbarkeit über das einzelne Geschenk gar nicht mehr so groß und ein erfüllter Wunsch ruft sofort wieder viele neue Wünsche hervor. Es ist also wichtig, den Kindern zum einen bewusst zu machen, wie reich sie beschenkt sind und was sie alles haben und dass viele lebenswichtige Dinge für sie schon alltäglich und selbstverständlich geworden sind, gerade im Vergleich zu den immer größer werdenden Unterschieden in der Gesellschaft. Zum anderen soll in den Kindern auch das Gefühl einer ehrlichen und tiefen Dankbarkeit gegenüber Gott geweckt werden, die sich von einem höflichen und formalen „Danke“ deutlich unterscheidet.

Treffpunkt

Das große Geschenk
Ein großes, schön verpacktes Geschenk wird an einem gut sichtbaren Ort im Raum aufgestellt. Die Kinder sollen raten, was in diesem Geschenk verpackt sein könnte. Sie dürfen ihre Antworten bzw. Ideen auf einen Zettel schreiben und den Zettel in eine dafür vorbereitete Box werfen. Am Ende wird das Rätsel aufgelöst und das Geschenk ausgepackt. Entweder kann in dem Geschenk eine Bibel sein als Zeichen dafür, dass Gott uns die Bibel geschenkt hat, oder eine kleine Süßigkeit für jedes Kind als unerwartete Überraschung.

Mein schönstes Geschenk
Die Kinder malen ein Bild von dem schönsten Geschenk, das sie jemals bekommen und über das sie sich am meisten gefreut haben. Die Bilder können dann im Raum aufgehängt werden.

Schokolade auspacken
Eine Tafel Schokolade wird in viele Schichten Zeitungspapier und zuletzt in Geschenkpapier eingepackt. Die Kinder sitzen im Kreis und es wird reihum gewürfelt. Jedes Kind, das eine 6 würfelt, darf so lange die Schokolade mit Messer und Gabel (evtl. auch noch mit Mütze, Handschuhe, Schal bekleidet) auspacken, bis das nächste Kind eine 6 würfelt. Ist die Schokolade „freigelegt", wird nach dem gleichen Prinzip die Schokolade gegessen.

Geschenkschachteln
Die Kinder basteln kleine Schächtelchen und bekleben bzw. gestalten sie. Sie bekommen die Aufgabe, damit jemand anderem ein kleines Geschenk zu machen.

Geschenkpapier
Die Kinder gestalten ihr individuelles Geschenkpapier. Dafür eignet sich zum Beispiel ein normales Packpapier mit Kartoffeldruck oder das Marmorieren von Papier. Es kann auch Papier selbst hergestellt werden. Anleitungen zu diesen Methoden gibt es im Internet und in vielen Büchern. Beispiele: http://www.kidsweb.de/kartoffel_spezial/kartoffeldruck.html und http://galaxy713.ch/blog/spiel-bastelideen/marmorieren-auf-papieren/

Ich habe Geburtstag und bekomme ...
Dieses Spiel funktioniert im Prinzip wie das bekannte Spiel „Ich packe meinen Koffer und nehme mit ...", aber man beginnt mit dem Anfangssatz „Ich habe Geburtstag und bekomme ..." Kind 1 sagt: „Ich habe Geburtstag und bekomme eine Barbie." Dann sagt Kind 2: „Ich habe Geburtstag und bekomme eine Barbie und ein Pferd." Kind 3 sagt: „Ich habe Geburtstag und bekomme eine Barbie, ein Pferd und einen Lego-Kran" usw.

Knackpunkt

Benötigte Gegenstände: Bibel, Globus, Taschenlampe, Krone

Der Psalm 67 wird den Kindern Vers für Vers vorgelesen. Im Folgenden wird die Übersetzung nach der BasisBibel verwendet. Dabei werden die einzelnen Verse erklärt, veranschaulicht und spielerisch ausgelegt. Es ist auch möglich die Kinder nach den einzelnen Versen zu fragen, was sie verstanden haben, und den Inhalt des Psalms im Gespräch mit den Kindern zu erarbeiten.

Wir lesen heute gemeinsam einen Psalm aus der Bibel. Ein Psalm ist ein Gebet von einem Menschen, und Gott wollte, dass dieses Gebet in seinem Wort, der Bibel steht. (Bibel hochhalten)

Zu begleiten mit Saiteninstrumenten. Ein Psalm, ein Lied.

Früher wurden solche Gebete oft gesungen, es waren sozusagen Gebetslieder. Leider kennen wir die Melodien der Lieder nicht, sodass wir sie heute nicht mehr singen können. Aber wir können lesen und sagen, was ein Mensch schon vor ganz langer Zeit gebetet hat. *(Bibel noch einmal hochhalten)*

Gott schenke uns seine Gnade und segne uns. Sein Angesicht soll über uns leuchten!

Der Beter sagt „schenke *uns* seine Gnade und segne *uns*". Er sagt nicht *mir*, sondern *uns*! Er bittet Gott um Gnade und Segen, aber nicht nur für sich allein, sondern für die ganze Welt. *(einen Globus in die Mitte stellen)* Und er sagt, dass Gott unseren Alltag, unser Leben hell machen soll. *(mit einer Taschenlampe auf den Globus leuchten)* Jesus sagt einmal von sich selbst, dass er das Licht der Welt ist. Licht ist etwas Warmes, Helles, Freundliches. Es ist ein Zeichen dafür, dass Gott ein guter Gott ist. Der Beter möchte, dass man auf der ganzen Welt sieht und spürt, wie gut Gott ist.

So wird man auf der Erde deinen Weg erkennen und bei allen Völkern deine heilvolle Zukunft.

Der Beter wünscht sich, dass alle Menschen auf der ganzen Welt, in allen Ländern wissen, dass Gott der Retter der ganzen Welt ist. *(Globus langsam drehen)* An dem Guten, was die Menschen haben, sollen sie erkennen, dass es von einem guten Gott kommt, der die Welt führt und schützt.

Dich, Gott, sollen die Völker preisen! Alle Völker zusammen sollen dich preisen!

Alle Völker, das heißt alle Menschen aus allen Ländern dieser Erde sollen Gott danken. Habt ihr eine Idee, für was Kinder in anderen Ländern Gott „Danke" sagen können?
Die Kinder nennen ihre Ideen, wofür Kinder aus anderen Ländern Gott Danke sagen können.

Nationen sollen sich freuen und jubeln. Denn du sorgst für ein umfassendes Recht. Du lenkst die Nationen auf der Erde.
Wenn Gott die ganze Welt regiert, dann ist er so etwas wie der König der ganzen Welt. Es gibt viele Stellen in der Bibel, wo Gott mit einem König verglichen wird *(symbolisch dafür, dass Gott der König der Welt ist, eine Krone auf den Globus setzen)*. Als König der Welt kann Gott über alles bestimmen, was auf der Welt passiert. Er kann eingreifen, wann immer er möchte, und alle Geschehnisse lenken. Er hat den Überblick über alles, was vor sich geht.

Dich, Gott, sollen die Völker preisen! Alle Völker zusammen sollen dich preisen!
Der Beter wiederholt noch einmal, was er schon einmal in seinem Gebet gesagt hat. Das bedeutet, dass er diese Aussage in seinem Gebet besonders betont. Es ist ihm sehr wichtig, dass alle Menschen überall auf der Erde Gott danken!

Beispielhaft für alle Länder und alle Menschen gibt es zu fünf Ländern jeweils eine kurze Geschichte von einem Kind aus diesem Land. Dabei können die Kinder herausfinden, wofür die Kinder in anderen Ländern dankbar sind. *Die fünf Länder werden von den Kindern auf dem Globus gesucht und mit einem bunten Klebepunkt markiert. Dann wird aus dem jeweiligen Land die Geschichte eines Kindes vorgelesen, aus der hervorgeht, wofür das Kind dankbar ist. Die Geschichten zu Malawi, Ecuador, Russland, Bangladesch und Papua-Neuguinea sind am Ende des Stundenentwurfs zu finden (siehe Seite 81).*

Das Land hat uns eine reiche Ernte beschert. Gott, unser Gott, gab uns den Segen.
Nun dankt der Beter Gott noch ganz speziell für die Ernte. Er freut sich über all das, was auf unseren Feldern und an unseren Bäumen und Sträuchern wächst. Ist dir eigentlich schon einmal aufgefallen, wie viel unterschiedliches Getreide, Gemüse und Obst wir haben? Was wächst alles auf unseren Feldern, Bäumen und Sträuchern?

Variante A: Alles, was den Kindern einfällt, sammeln und auf ein großes Plakat schreiben, das in der Mitte liegt oder für alle sichtbar an der Wand hängt.
Variante B: Es wird eine „Wortschlange" gebildet. Dabei ist es wichtig, dass das nächste Wort immer mit dem letzten Buchstaben des vorherigen Wortes beginnt. Beispiel: Getreid**e** - **E**rdbeere**n** - **N**us**s** - **S**ala**t** - **T**omate usw. Da dieses Spiel für jüngere Kinder schwierig sein kann, geht es gegebenenfalls nicht der Reihe nach, sondern alle überlegen gemeinsam. Ältere Kinder können der Reihe nach spielen; wer kein passendes Wort weiß, scheidet aus.

Es kann verschiedenes Obst, Gemüse und Getreide gezeigt werden. Am Ende kann ein Obstsalat gemeinsam gemacht und gegessen werden (siehe Seite 81).

So segne uns Gott! Menschen aus allen Teilen der Erde sollen ihm mit Ehrfurcht begegnen.
Am Ende des Psalms, nachdem der Psalmbeter Gott sehr viel gedankt hat, bittet er Gott, dass er die Menschen auch weiterhin segnet. Das heißt, er bittet Gott, dass er auch weiterhin so viel Gutes schenkt. Der Beter weiß ganz genau, dass alles Gute von Gott, dem König der Welt (noch einmal auf die Krone zeigen), kommt.

Doppelpunkt

Um noch einmal ganz konkret zu visualisieren, was die Menschen alles von Gott geschenkt bekommen und wofür sie ihm danken können, stellen die Kinder gemeinsam eine große DANKE-Collage her. Dazu schneiden sie aus Katalogen, Zeitschriften und Werbeprospekten Dinge aus, für die man Gott danken kann. Beispiele: Spielzeug, Kleidung, Haushaltsgegenstände, Tiere, Landschaft, Lebensmittel, Schulmaterialien, Bücher, technische Geräte, Blumen, Haus, Auto. Dinge, die nicht in Bildern ausgedrückt werden können oder für die die Kinder kein passendes Bild finden, können auch einfach dazugeschrieben oder -gemalt werden.

Im Anschluss daran wird mit den Kindern gemeinsam der Merkvers auf spielerische Weise auswendig gelernt. Dazu gibt es verschiedene Möglichkeiten:
- die Kinder überlegen sich Bewegungen zu den Wörtern
- die Kinder sprechen den Vers auf verschiedene Arten (immer schneller, ganz langsam, reihum jeweils ein Wort usw.)
- die Kinder springen bei bestimmten Wörtern in die Luft, drehen sich im Kreis usw.

Dabei ist es gut, wenn man den Kindern erklärt, was es heißt, Gott zu loben. Sie kennen das Loben aus ihrer Lebenswelt, wenn sie von der Mama oder in der Schule gelobt werden, wenn sie etwas gut machen, eine Aufgabe gut lösen, das Zimmer aufräumen usw. Über Lob freut man sich immer. Wenn man Gott lobt, dann lobt man ihn einfach, weil er gut ist und weil er uns Gutes schenkt. Gott lobt man auch ohne konkreten Grund - einfach weil er Gott, der gute Vater ist. Das unterscheidet das Lob Gottes vom Lob anderer Menschen.

Schlusspunkt

Die Kinder haben sich intensiv damit beschäftigt, was Gott den Menschen alles schenkt und wofür sie Gott dankbar sein können. Jetzt hat jedes Kind die Möglichkeit, Gott ganz persönlich zu danken. Sie schreiben oder malen ihr ganz individuelles Dankgebet auf einen vorbereiteten Zettel: „GOTT, ICH DANKE DIR FÜR ...“ Die Zettel mit den Dankgebeten werden dann mit Tesafilm an den Globus geklebt. Dieses Bild soll ausdrücken, dass die Kinder, genau wie der Psalmbeter, Gott stellvertretend für alle Völker danken.

Bausteine

Obstsalat
Mit den Kindern gemeinsam aus Äpfeln, Birnen, Kiwis, Bananen, Orangen, Trauben ... einen Obstsalat schneiden. Am Ende essen ihn dann alle Kinder gemeinsam. So schmecken wir etwas von dem, was Gott uns Gutes schenkt.

Gebetswürfel basteln
Damit die Kinder auch im Alltag immer wieder daran erinnert werden, Gott zu danken, basteln sie einen Gebetswürfel mit verschiedenen Tisch- oder Dankgebeten. Siehe auch Seite 59 ff.

Meterweise Dank
Die Kinder schreiben auf 3 - 4 cm breite und 15 - 20 cm lange Papierstreifen alles auf, wofür sie dankbar sind (eine Sache pro Streifen!). Anschließend werden alle Papierstreifen so zusammengeklebt, dass eine Kette mit vielen Gliedern daraus entsteht. Das funktioniert, indem man aus einem Streifen mit einem Stück Klebeband einen Kreis klebt. Jeder weitere Streifen wird in den vorherigen Kreis eingehängt und ebenfalls zum Kreis geklebt. Wie lang wird die Dankeskette der Kinder? Am besten ein Maßband bereithalten!

Geschichten: Wofür Kinder in anderen Ländern dankbar sind

Malawi
Moni nonse! Ich heiße Chisomo und wohne in Malawi, das ist ein kleines Land in Afrika. Hier regnet es acht Monate lang nicht. Wenn dann die Regenzeit beginnt, freue ich mich und hüpfe mit meinen Geschwistern im Regen herum. Dankbar bin ich, wenn es oft und lange genug regnet, damit mein Lieblingsessen, der Mais, auch gut wächst. Aus dem Mais wird Maisbrei gekocht und den gibt es jeden Tag zu essen. Außer über Essen freue ich mich auch, wenn ich in die Schule gehen kann. Viele Kinder in meiner Klasse können oft nicht in die Schule gehen, da sie keine Schuluniform haben oder das Geld fehlt, das man zahlen muss. Von daher gehen fast alle Kinder gern in die Schule. Ich bin aber froh, dass wir keine Hausaufgaben machen müssen, denn zuhause muss ich viel helfen. Meine Wäsche wasche ich selbst und manchmal koche ich auch. Dazu braucht man Wasser, dafür möchte ich Gott auch Danke sagen. Meine Familie und ich müssen bis zum nächsten Brunnen nur 15 Minuten laufen. Von dort tragen wir das Wasser in einem Eimer nach Hause. Ich bin froh, dass es mir nicht wie Chisanso geht. Sie muss immer 40 Minuten laufen, wenn sie Wasser möchte. Das Beste hier in Malawi ist, dass alle Familien viele Kinder haben. Ich habe auch noch eine Mama. Bei vielen anderen sind die

Eltern schon gestorben. Dann ist es gut, dass die Geschwister sich gegenseitig helfen können. Außerdem ist es toll, dass immer jemand zum Spielen da ist.

Ecuador

Liebst du auch so sehr Geschenke wie ich? Im letzten Jahr habe ich einen Schuhkarton bekommen. Der war schön eingepackt und es waren tolle Dinge darin. Da habe ich mich sehr gefreut. Meine Familie hat nicht so viel Geld, dass ich Geschenke bekommen kann, aber manchmal bekomme ich ein paar Süßigkeiten, das ist klasse. Mein Lieblingsessen ist Reis mit Hühnchenfleisch - lecker! Das gibt es bei einem Fest. Oder Pommes, das bekommen wir auch nicht so oft zu essen. Deshalb freue ich mich darüber so sehr. Ach, ich habe dir ja noch gar nicht gesagt, wie ich heiße. Mein Name ist Secundo und ich bin ein Indianerkind von den Quichuas. Ich wohne im Regenwald in Ecuador. Das ist in Südamerika. Du möchtest wissen, für was ich Gott noch dankbar bin? Dass ich in die Schule gehen kann. Das geht nämlich nur, weil Kinder in Deutschland für mich Geld geben und damit mein Schulgeld und die Schuluniform zahlen. Es ist klasse, dass Missionare bei uns sind und uns helfen. Zu ihnen gehe ich auch sehr gern in den Kids Club. Dort singen wir und machen Spiele. Außerdem hören wir Geschichten aus der Bibel. Das Beste ist, dass sich die Mitarbeiter Zeit für uns Kinder nehmen.

Russland

Привет - Priwjet (Hallo), ich heiße Ivan und komme aus Russland. Ich bin sehr froh über meine Familie. Es ist schon fast etwas Besonderes, dass ich mit Mama und Papa zusammen wohne. Die meisten meiner Freunde wohnen nur bei einem Elternteil, weil ihre Eltern geschieden sind. Ich bin glücklich, wenn ich freie Zeit zum Spielen habe, da ich viele Kurse und Gruppen neben der Schule besuchen muss, um gute Chancen für meine Zukunft zu haben. Dankbar bin ich auch für das Essen, das wir haben. Bei uns zuhause gibt es meistens Suppe und wir müssen unser Essen gut einteilen, damit es für mehrere Tage reicht. Etwas ganz Tolles sind für mich Süßigkeiten, die gibt es aber nur selten bei uns. Meine Eltern freuen sich über die guten Noten, die ich in der Schule habe. Oft rufe ich sie sofort an, um ihnen davon zu erzählen, dafür benutze ich mein Handy. Obwohl ein Handy sehr teuer ist, haben viele meiner Freunde genau wie ich ein Handy. Ich danke Gott sehr, dass er mir alles gibt, was ich zum Leben brauche, und sogar noch mehr.

Bangladesch

Nomoshkar (Hallo), ich heiße Akash und bin ein Junge. Meine kleine Schwester heißt Sristhi und mit ihr streite ich mich manchmal. Doch unser Lieblingsfest ist Weihnachten, denn da bekommen wir ein neues Kleidungsstück. Wie ziehen es dann auch gleich an. So sind an Weihnachten alle schön angezogen. Ich bin so froh über meine Eltern, ich habe sie sehr lieb! Dankbar bin ich auch, wenn wir genug zu essen haben. Denn ich weiß, dass viele Leute das nicht haben. Ich gehe gern zur Schule. Das macht Spaß und da kann man viel lernen. Wenn ich freie Zeit habe, spiele ich gern Kricket, das spielen eigentlich alle meine Freunde. Ich bin Gott aber wirklich dankbar, dass ich einen eigenen Schläger und einen eigenen Ball habe. Das haben nämlich nicht alle meine Freunde! Danke fürs Zuhören! Euer Akash

Papua-Neuguinea

Apinun (Guten Nachmittag), ich heiße Meri und wohne in PNG - das ist die Abkürzung für Papua-Neuguinea. Ich wohne aber nicht auf der großen Insel, sondern auf Manus. Das ist eine sehr kleine Insel. Was ich gern mag und wofür ich dankbar bin, möchte ich euch hier erzählen. Ich finde es toll, dass man hier bei uns nicht so viele Pläne macht. Bei uns steht man morgens auf und man macht das, was nötig ist. Toll ist, dass man hier nicht nur an sich denkt, sondern den anderen in der Familie gern hilft. Hier brauchen wir keine Uhr, denn Veranstaltungen - zum Beispiel Gottesdienste - fangen dann an, wenn alle wichtigen Leute da sind. Ich liebe es, wenn ein Fest gefeiert wird. Denn dann gibt es Berge von Essen und man kann so viel essen, bis man einen ganz runden Bauch hat. Am liebsten esse ich Zuckerrohr oder Fleisch oder Fisch. Ich singe sehr gern und spiele gern bei kleinen Theaterstücken mit. Wir Kinder sind viel ohne Erwachsene unterwegs beim Baden oder auch im Busch. Aber wir müssen auch viel helfen, z. B. die Töpfe nach dem Essen im Fluss sauber machen oder unsere Wäsche selbst waschen, Gras mit dem Buschmesser schneiden usw. Wenn ich im Busch herumlaufe und Zeit habe, klettere ich gern auf Bäume oder jage alle möglichen Tiere oder Fische. Doch wenn wir uns hinsetzen, dann freu ich mich, wenn mir jemand eine Geschichte erzählt. Außerdem spiele ich gern im Regen. Weil es immer warm ist und ich eh meistens nur eine kurze Hose und ein T-Shirt anhabe, macht es auch gar nichts aus. Ich bin ruckzuck wieder trocken.

9.3 Gott um Vergebung bitten (Schuldbekenntnis)

Bibeltext: Lukas 18,9-14

Thema: Pharisäer und Zöllner - Bei Gott kommt es auf die innere Haltung an!

Zielgedanke: Die Kinder sollen wissen, dass es bei Gott nicht auf Äußerlichkeiten ankommt, sondern auf unser Herz. Wir alle brauchen Gottes Vergebung.

Merkvers: *Ein Mensch sieht, was vor Augen ist; der Herr aber sieht das Herz an* (1. Sam 16,7b; Luther), oder *Alle sind schuldig geworden, und alle haben die Herrlichkeit Gottes verloren* (Röm 3,23).

Erklärungen zum Text

Das Gleichnis vom Pharisäer und Zolleinnehmer findet sich nur im Lukasevangelium. Im Lukasevangelium liegt ein besonderer Schwerpunkt darauf, dass Jesus für die Verlorenen in die Welt gekommen ist (vgl. Lk 19,10). So wird auch in diesem Gleichnis deutlich, dass alle Menschen Gottes Vergebung brauchen, unabhängig von allen äußeren Umständen. Speziellen Bezug nimmt Jesus in diesem Gleichnis auf die Pharisäer, die für ihren sehr gesetzlichen Glauben bekannt sind. In vielen Auseinandersetzungen mit den Pharisäern macht Jesus immer wieder deutlich, dass auch ein Pharisäer, der sich selbst für gerecht hält (weil er die Gesetze hält), vor Gott nicht bestehen kann.

Pharisäer: Die Pharisäer gehören zur religiösen Oberschicht und haben sehr strenge Gesetze. Sie wollen Gott gefallen, indem sie seine Gebote halten. Damit sie auch wirklich gegen kein Gebot Gottes verstoßen, haben sie sich eigene Gesetze gemacht, die die Einhaltung von Gottes Geboten absichern. Nach außen ist ihr Verhalten vorbildlich. Das Problem ist nur, dass ihnen die Einhaltung der Gebote wichtiger ist als Gott selbst. Ihre Haltung ist selbstgerecht und überheblich allen anderen gegenüber, weil sie sich für etwas Besseres halten.

Zolleinnehmer: Die Zolleinnehmer arbeiten mit den Römern zusammen, die das Land besetzt haben. Außerdem nehmen sie den Reisenden viel mehr Zoll ab, als sie eigentlich dürfen. Sie betrügen die Leute und bereichern sich damit selbst. Sie halten sich somit auch nicht an Gottes Gebote. Aber obwohl sie viel Geld haben, werden sie von der Gesellschaft ausgegrenzt. Niemand will etwas mit ihnen zu tun haben. Ihr Beruf und somit sie selbst sind überall verpönt.

V.9: Jesus erzählt diese Beispielgeschichte, um den Menschen, die selbstgerecht sind und auf andere herabsehen, etwas deutlich zu machen. Seine Geschichten sind meist aus der Alltagswelt der Zuhörer und werden als Gleichnisse bezeichnet.

V.10: In Jerusalem ist es üblich, dass sich die frommen Juden zweimal täglich zum Gebet treffen. Es ist also eine alltägliche Situation, dass die Menschen zum Gebet in den Tempel gehen. Mit der Nennung der beiden Personen (Pharisäer und Zolleinnehmer) werden bei den Zuhörern jeweils ganz konkrete Dinge verknüpft (siehe Personenschreibung oben).

V.11.12: Das Gebet des Pharisäers ist selbstgerecht und herablassend. Er stellt sich selbst über viele andere (Gottlose, Ehebrecher, Zolleinnehmer ...) und versteckt dieses Eigenlob in einem scheinbaren Dankgebet.

V.13: Ganz anders dagegen ist das Gebet des Zolleinnehmers. Er tritt Gott demütig gegenüber, weil er um seine Schuld weiß. Als Sünder tritt er vor Gott und bittet um Vergebung.

V.14: Jesus beendet diese Beispielgeschichte mit einem Lehrwort, das er direkt an seine Zuhörer richtet. Er bewertet das Verhalten der beiden Personen nicht nach Äußerlichkeiten, sondern nach ihrer Herzenseinstellung und der Ernsthaftigkeit ihres Gebetes. Er dreht die gesellschaftliche Norm um, lobt das Verhalten des sündigen Zolleinnehmers und tadelt den selbstgerechten Pharisäer.

Situation der Kinder
In der Lebenswelt der Kinder wird vieles nach äußeren Kriterien beurteilt. Cool ist, wer Markenklamotten trägt, das neueste Computerspiel hat oder am schönsten aussieht. Beliebt ist, wer anderen Geschenke macht, sein Spielzeug zur Verfügung stellt und die besten Sammelbilder oder das neueste Handy hat. Kinder, die bestimmten Kriterien nicht entsprechen, werden oft ausgegrenzt oder sogar gemobbt. Selbst Kinder haben schon Tendenzen auf andere herabzuschauen, die vielleicht nicht so gut in der Schule sind wie sie („der blickt's eh nie“) oder die weniger wohlhabend sind („die sind voll assi“). Dabei können Kinder sehr verletzend sein. Deshalb ist es wichtig, den Kindern vor Augen zu führen, dass es auch in ihrem Leben Dinge gibt, die (vor Gott) nicht toll sind, und dass es nicht die Äußerlichkeiten oder der Besitz sind, die zählen.

Treffpunkt

Gegenstände erfühlen
In einem großen Sack befinden sich fünf bis zehn verschiedene Gegenstände (z. B. Schere, Kerze, Handy, Gabel, Apfel, Büroklammer, Knopf, Lineal, Bürste, Taschentuch). Die Kinder erfühlen die Gegenstände und schreiben oder malen die Lösung auf einen Zettel.

Fernglas
Die Kinder sollen mit einem Fernglas verschiedene Bilder (z. B. Stuhl, Fernseher, Ball) erkennen. Dabei kann man das Fernglas sowohl richtig- als auch falschherum halten. Wenn man es richtigherum hält, ist alles ganz nahe, wenn man es falschherum hält, ist alles ganz weit weg. Es kommt also auf den Blick an, um die Dinge richtig zu erkennen.

Situationen einschätzen
Den Kindern werden Bilder von Menschen in unterschiedlichen Situationen gezeigt (z. B. bei der Arbeit, in der Schule, auf dem Spielplatz, beim Beten, im Badezimmer, beim Essen). Die Kinder sollen jedem Bild ein Smiley-Gesicht zuordnen (fröhlich, traurig, ernst ...).

Produkte einschätzen
Verschiedene Produkte werden auf einem Tisch gelegt (z. B. ein Päckchen Zucker, eine Tafel Schokolade, ein Pack Milch, eine Schachtel Eier, eine Dose Mais). Die Kinder sollen die Produkte nach ihrem Wert sortieren. Dabei sollen sie mit dem ihrer Meinung nach billigsten Produkt beginnen und mit dem teuersten aufhören.

Wahr oder falsch?
Zehn kurze Behauptungen aus der Geschichte, über Erfindungen, aus der Physik oder Ähnliches werden aufgestellt und die Kinder raten, ob diese Behauptungen wahr oder

falsch sind. Am besten eignet sich dafür ein Blatt mit allen Behauptungen, auf dem die Kinder einfach nur „wahr" oder „falsch" ankreuzen müssen. Bespiele:

- Ist es wahr, dass eine Ameise bis zum 500-fachen ihres Gewichtes tragen kann? NEIN: „NUR" DAS 300-FACHE
- Ist es wahr, dass sich ägyptische und deutsche Bienen nicht verständigen können, weil sie nicht dieselbe Bienensprache sprechen? JA
- Ist es wahr, dass es auf jedem Kontinent eine Stadt mit Namen „Rom" gibt? JA
- Ist es wahr, dass das verbreitetste Hobby der Chinesen Briefmarkensammeln ist? JA
- Ist es wahr, dass man durchschnittlich etwa 120 bis 150 Haare pro Tag verliert? NEIN: ES SIND NUR ETWA 30 BIS 60 HAARE
- Ist es wahr, dass Krokodile Steine als Ballast schlucken, um tief untergetaucht schwimmen zu können? JA
- Ist es wahr, dass Deutschland schon einmal eine olympische Goldmedaille im Seilziehen gewonnen hat? JA
- Ist es wahr, dass die Engländer es waren, die als Erste (um 875 nach Christus) Toilettenpapier benutzten? NEIN: ES WAREN DIE CHINESEN
- Ist es wahr, dass Gorillas nicht schwimmen können? JA

Was geht unter und was schwimmt?

Eine große Wanne mit Wasser wird aufgestellt. Darum herum liegen verschiedene Gegenstände (z. B. Korken, Marshmallow, Watte, Papier, Bonbon, Geldstück ...). Die Kinder sollen einschätzen, welche Gegenstände schwimmen und welche untergehen. Das wird anschließend praktisch ausprobiert!

Knackpunkt

Ein Mitarbeitender erzählt die Geschichte, die Jesus den Menschen damals erzählt hat, und verwendet dabei zur Veranschaulichung einen *dreckigen Gummistiefel* als Symbol für den Zolleinnehmer und einen *wunderschön glänzenden Lackstiefel* als Symbol für den Pharisäer. Die Kinder sehen noch nicht, dass in beiden Stiefeln eine dreckige Socke steckt!

Ich möchte euch heute von zwei verschiedenen Personen erzählen. Zwei Personen, wie sie unterschiedlicher wahrscheinlich gar nicht sein könnten:

Die eine Person ist ein Pharisäer. Die Pharisäer sind überall dafür bekannt, dass sie ganz besonders fromm sind und es für sie das allerwichtigste ist, Gottes Gebote zu halten. Sie sind angesehene, religiöse Männer und ihr Verhalten ist immer vorbildlich. Sie sind so chic wie dieser Lackstiefel hier *(den Lackstiefel hinstellen)*. Sie wollen Gott gefallen und auch vor den Menschen immer gut dastehen. Deshalb halten sie nicht nur immer

Gottes Gebote, sondern sie haben auch noch neue Gesetze zu Gottes Geboten gemacht. Sie wollen sich sicher sein, dass sie auf keinen Fall Gottes Gebote brechen. Damit dies nicht aus Versehen passiert, haben sie ihre eigenen Gebote viel strenger gemacht als Gottes Gebote.

Die andere Person ist ein Zolleinnehmer. Die Zolleinnehmer sind überall sehr unbeliebt. Sie sitzen an ihrer Zollstation, arbeiten mit den Römern zusammen, die das Land besetzt haben, und nehmen für sie das Geld ein. Aber nicht nur das, sie nehmen viel mehr Geld von den Menschen als nötig und behalten einen großen Teil der Zolleinnahmen einfach für sich selbst. Sie sind Betrüger und schauen nur auf ihren eigenen Vorteil. So wie dieser dreckige Gummistiefel hier *(den Gummistiefel auf den Tisch stellen)*. Die Zolleinnehmer halten sich nicht an die Gebote Gottes. Niemand im ganzen Land will etwas mit ihnen zu tun haben. Sie sind richtige Außenseiter.

Ihr seht ja, dass diese beiden Stiefel überhaupt nicht zusammenpassen. Und genau so ist es auch mit den beiden Personen. Die Pharisäer und die Zöllner haben eigentlich nichts gemeinsam. Und obwohl diese beiden Personen so total unterschiedlich sind, tun sie doch beide das Gleiche: Beide gehen in den Tempel, um zu beten.
Jetzt denkt ihr vielleicht: Was will denn so ein Zolleinnehmer im Tempel? Wieso geht er zum Gebet in den Tempel, wenn er sich sowieso nicht an Gottes Gebote hält und das ja auch jeder weiß, auch er selbst? So oder so ähnlich denkt wahrscheinlich auch der Pharisäer. Denn er schaut zu Gott auf und betet: „Ich danke dir, Gott, dass ich nicht so bin wie andere Leute: kein Räuber, kein Ehebrecher und schon gar nicht wie dieser Zolleinnehmer da hinten. Ich halte alle deine Gebote." Der Pharisäer fühlt sich so richtig gut. Und im Vergleich mit diesem Zolleinnehmer glänzt er noch mehr. Er ist eben etwas ganz Besonderes. Aber auch der Zolleinnehmer spricht ein Gebet. Er betet mit nach unten hängendem Kopf und sagt einfach nur: „Gott, vergib mir, ich weiß, dass ich ein Sünder bin!"
Zwei unterschiedliche Personen und zwei unterschiedliche Gebete.

Diese Geschichte erzählt uns Jesus so in der Bibel in Lukas 18,9-14. Jesus beendet seine Geschichte und richtet sich dann direkt an seine Zuhörer. Er sagt zu ihnen: „Ihr könnt euch sicher sein, dieser Mann (der Zolleinnehmer) geht von seiner Schuld befreit nach Hause, nicht aber der Pharisäer." Was meint Jesus damit? Dass der Zolleinnehmer von seiner Schuld befreit ist, weil er Gott um Vergebung bittet, ist noch nachvollziehbar. Aber warum geht der Pharisäer mit seiner Schuld nach Hause? Hat er überhaupt Schuld auf sich geladen? Er hat doch immer versucht, alle Gebote Gottes zu halten!
Jesus geht es in dieser Geschichte darum, den Menschen zu zeigen, dass es niemanden gibt, der ohne Schuld ist - nicht einmal ein Pharisäer, der mit all seiner Kraft versucht, Gottes Gebote zu halten. Jesus zeigt den Menschen mit dieser Geschichte, dass der

Pharisäer seine Schuld vor Gott einfach nur gar nicht erkennt. Er denkt, er ist perfekt. Dabei merkt er gar nicht, dass ihm die Gesetze wichtiger geworden sind als Gott selbst. Er ist so sehr davon überzeugt, dass er alles richtig macht, und merkt gar nicht, wie eingebildet er eigentlich ist. In seinem Dankgebet lobt er eigentlich nur sich selbst und nicht Gott. Außerdem schaut er auf andere Menschen herab und ist dabei stolz und selbstgerecht. Das sind Dinge, die Gott nicht gefallen.

Es ist also egal, wie unser Leben äußerlich aussieht, ob es vorbildlich glänzt wie das Leben des Pharisäers *(auf den Lackstiefel zeigen)* oder ob der Dreck in unserem Leben offen sichtbar ist wie bei dem Zolleinnehmer *(auf den Gummistiefel zeigen)*. Vor Gott zählt nicht das, was wir mit unseren Augen sehen können. Bei Gott zählt unser Herz; das, was in uns drinnen ist, unsere Gedanken und unsere Einstellung. Gott sieht in unser Herz und er sieht auch die Dinge, die in unserem Leben nicht gut sind. Und solche Dinge gibt es bei jedem. In der Bibel lesen wir in Römer 3,23: *„Alle sind schuldig geworden!“* Und genau so ist es auch. Wenn wir nämlich genauer hinschauen, sehen wir, dass sowohl in dem schicken Lackstiefel als auch in dem dreckigen Gummistiefel eine dreckige, stinkende Socke steckt *(Socke herausholen)*.
Und genau deshalb brauchen alle Menschen, der Pharisäer und der Zolleinnehmer, du und ich die Vergebung Gottes. Der Zolleinnehmer in der Geschichte hat das verstanden. Er hat Gott von ganzem Herzen um Vergebung gebeten.

Doppelpunkt
Ich weiß nicht, wie das in deinem Leben aussieht. Ich weiß nicht, ob du dich vor Gott so gut fühlst wie der Pharisäer oder ob du denkst, du bist so ein schlechter Mensch wie der Zolleinnehmer. Aber eins weiß ich genau: Die Bibel sagt, dass wir alle Sünder sind und nichts (von uns selbst aus) aufzuweisen haben, das Gott gefallen könnte (Röm 3,23).

Ich möchte das an einem Beispiel deutlich machen *(das Beispiel sollte mit den entsprechenden Zutaten veranschaulicht werden)*:
Stell dir vor, du gehst zu McDonalds und bestellst dir einen richtig leckeren Burger. Irgendwie riecht der Burger aber komisch und deshalb schaust du dir den Burger genauer an: Das Brötchen ist lecker knusprig, der Salat ist knackig frisch, die Tomaten sind gut, das Fleisch ist genau richtig gebraten ... aber da .... ihhh, was ist denn das? Die Gurke ist verschimmelt! Naja, egal - das meiste vom Burger ist ja okay. Also rein damit, oder? Nein! Wahrscheinlich würdest du nie einen Burger mit verschimmelter Gurke essen.
Genau so ist es auch mit Gott: Wenn wir Menschen auch nur eine einzige Sünde in unserem Leben haben, brauchen wir Gottes Vergebung. Vor Menschen können wir unsere Sünden vielleicht verstecken, nicht aber vor Gott. Er sieht in unser Herz hinein.

Jetzt kann man den Merkvers lernen. Dabei tut man so, als ob die Kinder ein Radiogerät sind und immer wieder den Merkvers „abspielen“. Der Mitarbeitende „dreht“ dabei am Lautstärkeregler. Die Kinder beginnen ganz leise und werden immer lauter und dann wieder zurück. Das kann beliebig oft hin und her gehen.

Anschließend kann man mit den Kindern gemeinsam überlegen, wofür sie Gottes Vergebung brauchen, wenn er in ihr Herz schaut. Diese Dinge werden gesammelt und auf Luftballons geschrieben und in einen großen Sack gepackt.
Da kommt einiges zusammen, wofür wir Vergebung brauchen! Stellen wir uns einmal vor, wir müssten diesen Sack immer mit uns herumtragen.
Dann wird mit den Kindern gemeinsam gebetet und Gott um Vergebung für diese Dinge gebeten. Als Methoden eignen sich hier zum Beispiel gut das Stupsgebet (siehe Seite 40) oder das Popcorngebet (siehe Seite 39). Der Sack kann dabei symbolisch in der Mitte liegen. Als Abschluss werden die Luftballons als sichtbares Zeichen für die Vergebung Gottes platzen gelassen (siehe weitere Ideen in Kapitel 8.1).

Schlusspunkt
Der Merkvers wird wiederholt.

Dann werden noch einmal beide Stiefel nebeneinandergestellt:
Wir haben heute gesehen, wie unterschiedlich Menschen (und Schuhe) sein können. Manche gefallen uns äußerlich gut und manche nicht so gut (so wie die vielen Schuhe hier überall im Raum).
Vielleicht könnt ihr euch in der nächsten Woche beim Schuheanziehen immer wieder daran erinnern, dass es bei Gott nicht auf Äußerlichkeiten ankommt, egal wie unterschiedlich die Menschen auch sind.
Vielleicht könnt ihr in der nächsten Woche versuchen, nicht nur auf das Äußere von Menschen zu achten, was vielleicht cool oder peinlich an ihnen ist, sondern zu sehen, was in ihnen steckt - und ganz bestimmt ist das noch viel mehr als eine stinkende Socke!

Bausteine

Dekoration
In Anlehnung an die Veranschaulichung der Geschichte können im ganzen Raum verschiedene Schuhe aufgehängt und verteilt werden. Jeder Schuh ist äußerlich ganz verschieden, aber bei Gott geht es nicht um Äußerlichkeiten.

Spiele

Es können verschiedene Spiele mit Schuhen gespielt werden. Beispiele:

- Schuhweitwurf
- Boccia mit Schuhen anstatt mit Kugeln
- Schubkarrenwettrennen mit Schuhen an den Händen
- Schuhsalat: Alle Kinder sitzen im Stuhlkreis, sie werden in verschiedene Schuharten aufgeteilt (Sandalen, Turnschuhe, Gummistiefel usw.). Ein Kind steht in der Mitte und hat keinen Platz. Es nennt eine Schuhart, dann müssen alle Kinder dieser Gruppe die Plätze tauschen. Dabei muss das Kind in der Mitte versuchen, einen Platz zu ergattern. Jetzt ist das Kind an der Reihe, das keinen Platz gefunden hat. Bei „Schuhsalat" müssen alle Kinder die Plätze tauschen.
- Formen legen: Die Kinder werden in zwei Gruppen aufgeteilt und müssen mit ihren Schuhen verschiedene Formen oder Buchstaben legen (Kreis, L, Dreieck, H ...). Die Gruppe, die es als Erste schafft, bekommt einen Punkt.
- Weitere Spiele mit Schuhen gibt es in Kretzschmar, Thomas: Spiel das Ding! Erhältlich im **BORN**-VERLAG, www.bornverlag.de

Basteln

Kreuz

Aus zwei Stöcken und einem Stück Schnur bastelt man mit den Kindern ein Kreuz. Dann befestigt man den Vers aus 1. Johannes 1,9 oder einen der vorgeschlagenen Merkverse an dem Kreuz. Alternativ kann man das Kreuz auch aus Tonkarton basteln und die Verse darauf schreiben.

Spiegelplatte

Einer der vorgeschlagenen Merkverse wird auf eine Spiegelplatte geklebt. Die Spiegelplatte kann noch schön verziert werden.

10. Geschichten zum Thema Gebet

Geschichten aus der Bibel

- Abraham bittet für Sodom (1. Mose 18,16 ff.)
- Jakob ringt mit Gott am Jabbok (1. Mose 32,23 ff.)
- Mose bittet für Israel (2. Mose 32,30 ff.)
- Gideons Gespräch mit Gott (Richter 6)
- Hannas Gebet (1. Samuel 1)
- Salomos Gebet zur Tempelweihe (1. Könige 8,22 ff.)
- Elias Gebet um Feuer (1. Könige 18)
- Das Gebet des Jabez (1. Chronik 4,19)
- Joschafats Gebet (2. Chronik 20)
- Davids Gebete (Psalm 23; 51; 139 usw.)
- Daniel betet im Exil (Daniel 6)
- Jonas Gebet im Fisch (Jona 2)
- Jesus betet in Gethsemane (Matthäus 26,36)
- Die Gemeinde betet für Petrus (Apostelgeschichte 12)
- Paulus und Silas beten im Gefängnis (Apostelgeschichte 12,23 ff.)

Kinder- und Missionsgeschichten

- Amy Carmichael (Kinder-Evangelisations-Bewegung)
- Flucht durch Indien: Amy Carmichael (Christliche Literaturverbreitung)
- Tante Olgas Windmühle (Bibellesebund)
- Varenka (Nord-Süd-Verlag)
- Hudson Taylor (Kinder-Evangelisations-Bewegung)
- Entführt nach China: Hudson Taylor (Christliche Literaturverbreitung)
- Corrie ten Boom (Kinder-Evangelisations-Bewegung)
- Jim Elliot (Kinder-Evangelisations-Bewegung)
- Ian und der Riesenbaum (Kinder-Evangelisations-Bewegung)
- Die Engelwache, in: Die sprechende Tapete (Kinder-Evangelisations-Bewegung)
- Der geheimnisvolle Fremde (Christliche Literaturverbreitung)
- Unter dem Schirm (Bibellesebund)

11. Lieder zum Thema Gebet

Lieder zum Thema Gebet
- Hast du Gott schon mal 'nen Wunsch gesagt? (KFJ Nr. 147)
- Unser Vater (KFJ Nr. 146 / ES Nr. 57)
- Beten (ES Nr. 78)
- Ja, ich weiß: Gott hört Gebet (KFJ Nr. 148)
- Gott hört dein Gebet (KFJ Nr. 139)
- Mein Vater (KFJ Nr. 142)
- So ist Gott, er hört Gebet (ES Nr. 119)

Lieder zum Bitten
- Wer bittet, dem wird gegeben (KFJ Nr. 152 / ES Nr. 120)
- Gott kennt alle meine Sorgen (KFJ Nr. 46)

Lieder zum Danken
- Hast du heute schon Danke gesagt (KFJ Nr. 31)
- Alles was ich hab (KFJ Nr. 29 / ES Nr. 38)
- Ein dickes Dankeschön (ES Nr. 58)
- Vielen Dank (ES Nr. 17)
- Danke, Gott, du gabst mir Augen (KFJ Nr. 113)

Lieder, die Gott loben
- Herr, dein Name sei erhöht (KFJ Nr. 17)
- Wir sind stolz auf Gott (KFJ Nr. 114)
- Du bist der Herr (ES Nr. 77)
- Du bist meine Nummer eins (ES Nr. 111)
- Groß, größer, am größten (ES Nr. 122 / KFJ Nr. 16)
- Herr der Ewigkeit (ES Nr. 103)
- Du bist Gott - Leben pur (ES Nr. 52)
- Ich sag es dir an diesem Tag (ES Nr. 94)
- Halleluja! Gott ist allmächtig (ES Nr. 104)
- Wir singen für unsern Gott (ES Nr. 146 / KFJ Nr. 25)

Lieder zum Thema Vergebung
- Alles hat er mir erlassen (KFJ Nr. 133)
- Jesus, ich komme jetzt zu dir (KFJ Nr. 149)
- Jesus kam für dich (ES Nr. 143)
- Du hast Erbarmen (KFJ Nr. 20)
- Hier ist mein Herz (KFJ Nr. 126)

KFJ = Liederbuch „Kinder feiern Jesus“ / ES = Liederbuch „Einfach spitze“

12. Medientipps

Für Mitarbeitende und Eltern

- **Bartoß**, Jörg und **Sowa**, Daniel (Hrsg.): Sichtbar erzählen. Kindern biblische Geschichten kreativ erklären. Kassel 2013
- **Beck**, Armin (Hrsg.): Segen. Gottes Kraft berührt das Leben. Kassel 2012
- **Johnstone**, Patrick und **Schirrmacher**, Thomas: Gebet für die Welt. Das einzigartige Handbuch: Umfassende Informationen zu über 200 Ländern. Holzgerlingen 2003
- **Keil**, Helge und **Tauschek**, Ramona: Stille vor Gott. Lebendige Stille - Gott kreativ begegnen. Kassel 2010
- **Kinder-Evangelisations-Bewegung**: Mit Kindern beten. Ideen und Hilfsmittel zum Beten mit Kindern, Breidenbach (www.keb-de.org)
- **King's Kids**: 100 kreative Gebetsspiele, Dortmund (www.kingskids.de)
- **Kretzschmar**, Thomas: Ausprobiert - Gott entdeckt. 33 Andachten mit erstaunlichen Experimenten für Kinder ab 8 Jahren. Kassel ^{2}2012
- **Kretzschmar**, Thomas (Hrsg.): denk mal. Arbeit mit Kindern von 3 bis 12 Jahren entwickeln und gestalten (Seite 151-157), Kassel 2009
- **Kretzschmar**, Thomas: Tränen, Trauer, Hoffnungsschimmer. Mit Kindern über den Tod reden, Kassel 2010
- **Kretzschmar / Sowa / L'hoest / Herdecker**: Glaube@Familie. Material für Gemeinden, Familien zu begleiten, Kassel 2012
- **Kretzschmar**, Thomas (Hrsg.): Plus 2 - Glaube-Basiswissen für Kinder (Seite 99-128 Stundenentwürfe zum Gebet), Kassel 2010
- **Leach**, Chris: Wir loben dich. 93 Entwürfe zur Anbetung mit Kindern, Kassel 2004 (nur noch antiquarisch erhältlich)
- **Riewesell**, Thorsten (Hrsg.): Lebendiges Gebet. Reden mit, hören auf, staunen über ... Gott! Kassel 2004
- **Riewesell**, Thorsten (Hrsg.): Unser Vater. Das Vaterunser, Kassel 2006

Für Kinder

- **Fischer**, Frank und **Jahnke**, Michael: Robinson & Sonntag und das Geheimnis der Stille, Witten/Marienheide 2010
- **Grzywa**, Cornelia: Tim entdeckt das Vaterunser. Kinder lernen das Gebet der Gebete kennen, Holzgerlingen 2001
- **Gundlach**, Anja und Martin (Hrsg.): Das Gebetsbuch für die ganze Familie: Die schönsten Gebete für alle Gelegenheiten, Witten 2011
- **Jahnke**, Michael (Hrsg.): Mein Bibellexikon, Marienheide 2012
- **Jarsetz**, Anette: Mit Gott um die Welt. 52 Wochen auf spannender Gebetsreise, Haiterbach 2011

- **Mack**, Cornelia (Hrsg.): Gebete für Kinder, Holzgerlingen 2009
- **Voß**, Harry: Der Schlunz. Band 1-7, Witten/Marienheide

Bastelvorlagen für Gebetswürfel

- **Bibellesebund**: Die Bibellese- und Gebetswürfel. Beten und Bibellesen kreativ, Marienheide 2011
- **Kündig**, Claudia: 25 Gebetswürfel für das kreative Beten mit Kindern, Adonia/Kassel 2012

Websites mit aktuellen Gebetsanliegen aus aller Welt

- http://www.liebenzell.org/liebenzeller-mission/helfen/gebetsanliegen/
- http://www.maexiswelt.de/#Gebetsinfo
- http://www.opendoors.de/aktiv-werden/beten/
- http://www.dmgint.de/helfen/beten.html
- http://www.dipm.de/möglichkeitenzurmitarbeit.htm#Gebet
- http://www.bibellesebund.de/beten-spenden/

Die KidZ (Kinderzentrale) der Liebenzeller Mission

Liebenzeller Mission
Mit Gott von Mensch zu Mensch
KIDZ

Die Kinderzentrale der Liebenzeller Mission (www.liebenzell.org) hat als Ziel, Kinder und Mitarbeiter für Jesus Christus zu begeistern und sie zu kompetenten Multiplikatoren (Jüngerschaft) zu machen. Dies geschieht in der Unterstützung der örtlichen Gemeinden und durch die Förderung des Missionsgedankens in verschiedenen Bereichen. Konkret heißt dies im Bereich der Arbeit mit Kindern: Wir unterstützen Mitarbeiter von Gemeinden in dem Anliegen, Kinder mit dem Evangelium zu erreichen. Dies kann in Form von Kinder- und Schülerwochen, Kindernachmittagen, Wochenendfreizeiten, missionarischen Einsätzen, Mitarbeiterschulungen usw. geschehen.
Außerdem bieten wir (www.lm-kidz.de):

Kindermissionsfeste (www.kimife.de)
Die absoluten Höhepunkte für Kinder sind die europaweit größten Kindermissionsfeste am Sonntag vor Himmelfahrt und an Himmelfahrt selbst. Infos können ab Mitte März bei der Liebenzeller Mission angefordert werden. Kinder von 8-12 Jahren sind nach Bad Liebenzell eingeladen, um an einem spannenden Programm mit Liedern, einer biblischen Geschichte, Missionaren aus aller Welt, einem prallvollen Mittagspausenangebot teilzunehmen!

Großspielgeräte und Megabaustelle (Bilder unter www.lm-kidz.de)
Für Feste und besondere Veranstaltungen sind große Spielgeräte hilfreich. Spiele wie Lebendkicker, Glücksrad, Mohrenkopfschleuder können bei uns ausgeliehen werden. Bis zu 100 000 Bausteine (Parkettholz) unserer Megabaustelle schlummern in unserem Lager und freuen sich darauf, von Kindern verbaut zu werden. Einfach eine Mail an kidz-material@liebenzell.org schreiben.

Zeitschrift GO!
Speziell für Kinder erscheint alle 2 Monate eine Kinderzeitschrift, in der Kinder die weltweite Arbeit der Liebenzeller Mission auf bunte und kreative Weise kennenlernen können. Infos und Bilder dazu gibt es auf unserer Kinderinternetseite www.mäxiswelt.de.

Die KidZ (Kinderzentrale) der Liebenzeller Mission

Kinderinternetseite www.maexiswelt.de
Hier können Kinder erfahren, was Jesus in der ganzen Welt tut. Mit Spielen, Rätseln und Videos entdecken die Kinder so auf interaktive Weise die weltweite Arbeit der Liebenzeller Mission.

Besuch im Missionsmuseum
Interessant ist es, mit Kindern das Missionsmuseum zu besuchen und in Bad Liebenzell eine Führung zu erhalten. Um einen Termin zu buchen einfach eine Anfrage an info@liebenzell.org senden.

Weitere Titel der KidZ-Edition

Jörg Bartoß, Daniel Sowa (Hrsg.)
Sichtbar erzählen
Kindern biblische Geschichten kreativ erklären
Wie man kreativ von Gott erzählen kann, zeigen 18 Methoden, die im 80-seitigen Booklet und als Film oder Vorlagen auf der DVD Schritt für Schritt erklärt werden. Sie geben eine Anleitung und viele Anregungen zur Umsetzung. Beispiele: Luftballons, Meterstab, Fadenspiele, Sketchboard, Mitmachspiele.

Jörg Bartoß, Daniel Sowa
Kinder für Jesus begeistern
100%ig auf dem Weg zu 80 %
Dieses Praxisbuch vereint drei Eckpunkte missionarischer Arbeit: das Wissen um die Zielgruppe, die Ideen für funktionierende Modelle und die Motivation zum Handeln.

Daniel Sowa
mitgereist - mitgemacht
10 internationale Kinderbibeltage
10 Bibelarbeiten über Petrus können zu unterschiedlich langen Kinderwochen, Kinderbibeltagen, Schülerbibelwochen und einem Familiengottesdienst zusammengestellt werden. In 9 Ländern der Welt können Kinder spielerisch erfahren, wie Missionare von Jesus erzählen.